よくわかるＦＰシリーズ

合 格 テ キ ス ト

FP1
技能士1級

3 金融資産運用

TAC FP講座 編

はじめに

　日常生活に役立つ知識を幅広く得られる資格、それがFP資格です。銀行、証券会社、保険会社等の金融業界や、不動産業界などでは、FP技能士2級は必須といわれるほど浸透した資格となりました。2級まで取得された方は、学習以前と比べて視野が広がったことを実感されているでしょう。

　FPの資格が活かせるのは、金融業界に限りません。独立してFP事務所を構え、お金の相談にかかわっていくためには、やはり、1級レベルの知識が必要になってきます。学習した知識が実務に直結する、それがFP技能士1級なのです。

　株式や債券などはリスクやリターンが異なるため、顧客の資産状況やリスクの選好なども考慮したポートフォリオの知識が必須となります。各商品の特性を理解するとともに、それらの最適な組み合わせを横断的にアドバイスできることが求められます。

　また、金融資産にかかわる多くの関連法規があり、それらを遵守することで顧客から信頼を得ることができます。

　試験においても、関連法規に関する問題や、多くの計算問題が出題されますが、本書では傾向分析を踏まえて、効率的な学習ができるようにコンパクトにまとめました。

　本書を最大限に活用することで、FP技能士1級合格をつかみとり、将来の夢の実現につながることを心より祈念いたします。

2024年5月

TAC　FP講座

本書の特長・利用方法

PICK UP 1

出題傾向・全体像

章扉のページに過去6回分の出題状況を示してあります。出題されたテーマには☆印がついているので、重点的に学習しましょう。

重要論点を確認し、学習内容を把握しておきましょう。

第1章
マーケット環境の理解

過去の出題状況	2022.5	2022.9	2023.1	2023.5	2023.9	2024.1
経済指標	☆			☆	☆	☆
金融政策		☆				

1. 経済指標
景気動向指数のCIとDIの違い、消費者物価指数と企業物価指数の違いなどに注意する。

2. 金融政策
年8回行われる日本銀行の金融政策決定会合により金融政策の方針が決定する。

PICK UP 2

重要公式・語句

本試験で計算問題を解く際に重要となる公式には色付きのアミをかけて強調しています。

重要な用語・内容を色付き文字で目立たせ、覚えるべき語句が把握しやすくなっています。

---

1 経済指標

1 GDP（国内総生産）

GDP（国内総生産）は、内閣府の経済社会総合研究所が四半期ごとに集計・発表する。GDPとは、国内で一定期間に生産された財やサービスの付加価値の総額で、一国の経済規模を表している。付加価値とは、財やサービスの生産額から、生産するために要した費用を差し引いたものである。

(1) GDPとGNIの違い
GDPには、日本企業が海外支店等で生産した財やサービスの付加価値は含まれない。一方、GNI（国民総所得）は、国民が国内外から一定期間に得た所得の合計額のことで、国内に限らず、日本企業の海外支店等の所得も含んでいる。

(2) 名目GDPと実質GDP
名目GDPとは、GDPを時価で表示したものである。一方、実質GDPとは、表面上の数値である名目GDPから物価変動による影響を除いて、基準時点の物価水準で評価するものである。なお、名目GDPから物価変動による影響を除くときに用いられる物価指数を、GDPデフレーターという。

$$実質GDP = \frac{名目GDP}{GDPデフレーター}$$

(3) 経済成長率
GDPの増加率は経済成長率で示される。通常は、実質GDPの増加率を指した実質経済成長率のことをいい、実質GDPの前年比または四半期ごとの前年同期比における変化率で示される。

(4) 支出側のGDP
生産、支出、分配の3つの数値は常に等しいと考えられている。この考え方を三面等価の原則という。支出側のGDPは、個人消費にあたる民間最終消費支出である。民間住宅、民間企業設備、公的固定資本形成を合計したものを総固定資本形成という。
支出側からとらえたGDPの構成は、次のとおりである。

2

PICK UP 3

図表

図表や資料を多用して説明をわかりやすくまとめ、視覚的にもスムーズに理解できるようにしました。

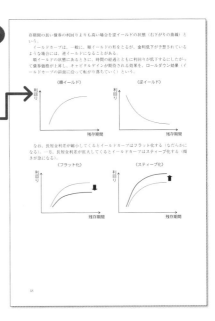

PICK UP 4

チェックテスト

章末には、インプットした内容を確認できるように、○×形式のチェックテストを掲載しています。簡潔にまとめられていますので、すばやく復習ができます。必ず解いてみましょう。

FP技能士・1級試験のしくみ

1級FP技能検定　試験概要

試験実施団体	金融財政事情研究会（金財）	
試験科目と出題形式	【学科試験】	基礎編　マークシート方式による筆記試験、四答択一式
		応用編　記述式による筆記試験
	【実技試験】	口頭試問形式
受検資格	①2級技能検定合格者で、FP業務に関し1年以上の実務経験を有する者、②FP業務に関し5年以上の実務経験を有する者、③厚生労働省認定金融渉外技能審査2級の合格者で、1年以上の実務経験を有する者	
試験日	【学科試験】	9月・1月・5月の年3回
	【実技試験】	6月・10月・2月の年3回
試験時間	【学科試験】	基礎編 10：00～12：30
		応用編 13：30～16：00
	【実技試験】	面接開始約15分前に設例配布、各面接の1人当たり所要時間は約12分
出題数と合格基準	【学科試験】	基礎編　50問、応用編　5題、200点満点で120点以上
	【実技試験】	異なる設例課題に基づき2回面接、200点満点で120点以上

1級試験お問い合わせ先	一般社団法人　金融財政事情研究会　検定センター https://www.kinzai.or.jp/ TEL 03-3358-0771

1級FP技能士とCFP®

・2級FP技能検定合格者で1年以上のFP実務経験を有する者
・5年以上のFP実務経験を有する者

FP技能士1級学科試験を
受検・合格！

・AFP登録者
・FP協会が認めた大学で所定の単位を取得した者

CFP®資格審査試験を受検・合格！
↓
CFP®エントリー研修
↓
3年間の実務経験要件充足・日本FP協会登録により、CFP®として認定

実技試験を受検・合格！

1級FP技能士に！

目　次

第1章

マーケット環境の理解

過去の出題状況	2022.5	2022.9	2023.1	2023.5	2023.9	2024.1
経済指標	☆			☆	☆	☆
金融政策		☆				

1．経済指標

　景気動向指数のCIとDIの違い、消費者物価指数と企業物価指数の違いなどに注意する。

2．金融政策

　年8回行われる日本銀行の金融政策決定会合により金融政策の方針が決定する。

1 経済指標

▮ GDP（国内総生産）

　GDP（国内総生産）は、内閣府の経済社会総合研究所が四半期ごとに集計・発表する。GDPとは、国内で一定期間に生産された財やサービスの付加価値の総額で、一国の経済規模を表している。付加価値とは、財やサービスの生産額から、生産するために要した費用を差し引いたものである。

（1）GDPとGNIの違い

　GDPには、日本企業が海外支店等で生産した財やサービスの付加価値は含まれない。一方、GNI（国民総所得）は、国民が国内外から一定期間に得た所得の合計額のことで、国内に限らず、日本企業の海外支店等の所得も含んでいる。

（2）名目GDPと実質GDP

　名目GDPとは、GDPを時価で表示したものである。一方、実質GDPとは、表面上の数値である名目GDPから物価変動による影響を除いて、基準時点の物価水準で評価するものである。なお、名目GDPから物価変動による影響を除くときに用いられる物価指数を、GDPデフレーターという。

$$実質GDP = \frac{名目GDP}{GDPデフレーター}$$

（3）経済成長率

　GDPの増加率は経済成長率で示される。通常は、実質GDPの増加率を指した実質経済成長率のことをいい、実質GDPの前年比または四半期ごとの前年同期比における変化率で示される。

（4）支出側のGDP

　生産、支出、分配の3つの数値は常に等しいと考えられている。この考え方を三面等価の原則という。支出側のGDPのうち、最も高い比率を占めているのは民間最終消費支出である。民間住宅、民間企業設備、公的固定資本形成を合計したものを総固定資本形成という。

　支出側からとらえたGDPの構成は、次のとおりである。

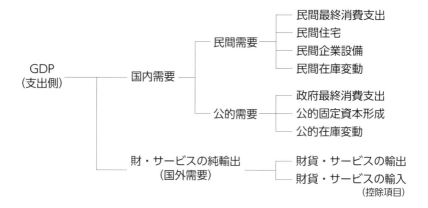

2 機械受注統計

　機械受注統計は、内閣府が、実績については毎月、見通しについては四半期ごとに調査・公表する。これは、機械製造業者の受注する設備用機械類の受注状況を調査することで、設備投資動向を早期に把握し、経済動向分析の基礎資料を得ることを目的としている。機械受注統計は、実際の設備投資に対して1四半期から2四半期程度の**先行性**を持つといわれている。

3 鉱工業指数

　鉱工業指数（鉱工業生産・出荷・在庫・在庫率指数、稼働率、生産能力指数、製造工業生産予測指数）は、**経済産業省**が毎月調査・公表している。鉱工業製品を生産する国内の事業所における生産、出荷、在庫に係る諸活動、製造工業の設備の稼働状況、各種設備の生産能力の動向、生産の**先行き2カ月の予測**を把握し、日本の生産活動をいち早く把握することを目的とする。

4 景気動向指数

　生産、雇用など様々な経済活動での重要かつ景気に敏感に反応する指標の動きを統合することによって、景気の現状把握および将来予測に資するために作成されている。景気動向指数は、**内閣府**の経済社会総合研究所により毎月作成され、翌々月上旬に速報値が、その約2週間後に改訂状況が公表される。

　景気動向指数には**CI**（コンポジット・インデックス）と**DI**（ディフュージョン・インデックス）がある。2008年4月値以降、**CI**中心の公表形態に移行しているが、DIも参考指標として引き続き公表し、景気転換点（景気の山・景気の谷）の判定等には**ヒストリカルDI**を用いている。

　CIとDIには、それぞれ、景気に対し先行して動く**先行指数**、ほぼ一致して動く**一致指数**、遅れて動く**遅行指数**の3本の指数がある。CIとDIは共通の指標を採用して

おり、2024年4月1日現在、先行指数11、一致指数10、遅行指数9の30系列がある。

(1) CI（コンポジット・インデックス）

採用系列の前月からの変化率（変化量）を合成することで、主として景気変動の大きさやテンポ（量感）を測定する。

一般的に、一致CIが上昇しているときは景気拡張局面、低下しているときは景気後退局面であり、一致CIの動きと景気の転換点は概ね一致する。

(2) DI（ディフュージョン・インデックス）

採用系列のうち3カ月前と比べて改善している指標の割合のことで、景気の各経済部門への波及度合いを測定する。

一致DIは、景気拡張局面では50％を上回り、景気後退局面では50％を下回る傾向がある。

(3) ヒストリカルDI

一致指数を構成する指標ごとに山と谷を設定し、谷から山にいたる期間はすべて上昇（プラス）、山から谷にいたる期間はすべて下降（マイナス）としてDIを算出する。採用系列のうち、プラスがいくつあるかその割合を計算することで、景気基準日付の判定に用いる。景気基準日付とは、主要経済指標の中心的な転換点（景気の山・景気の谷）で、景気動向指数研究会の議論を経て設定される。

ヒストリカルDIが50％ラインを下から上に切る直前の月が「景気の谷」、上から下に切る直前の月が「景気の山」に対応する。

■景気動向指数の採用系列（2024年4月1日現在）

	指標名
先行系列 （11指標）	① 最終需要財在庫率指数（逆）※ ② 鉱工業用生産財在庫率指数（逆）※ ③ 新規求人数（除学卒） ④ 実質機械受注（製造業） ⑤ 新設住宅着工床面積 ⑥ 消費者態度指数 ⑦ 日経商品指数（42種総合） ⑧ マネーストック（M2） ⑨ 東証株価指数 ⑩ 投資環境指数（製造業） ⑪ 中小企業売上げ見通しDI
一致系列 （10指標）	① 生産指数（鉱工業） ② 鉱工業用生産財出荷指数 ③ 耐久消費財出荷指数 ④ 労働投入量指数（調査産業計） ⑤ 投資財出荷指数（除輸送機械） ⑥ 商業販売額（小売業） ⑦ 商業販売額（卸売業） ⑧ 営業利益（全産業） ⑨ 有効求人倍率（除学卒） ⑩ 輸出数量指数

遅行系列 （9指標）	① 第3次産業活動指数（対事業所サービス業）
	② 常用雇用指数（調査産業計）
	③ 実質法人企業設備投資（全産業）
	④ 家計消費支出（勤労者世帯、名目）
	⑤ 法人税収入
	⑥ 完全失業率（逆）※
	⑦ きまって支給する給与（製造業、名目）
	⑧ 消費者物価指数（生鮮食品を除く総合）
	⑨ 最終需要財在庫指数

※　（逆）……逆サイクル（上昇と下降が景気局面と反対になる）

5 日銀短観（全国企業短期経済観測調査）

日本銀行が四半期ごとに実施する、企業経営者を対象としたアンケート調査（対象企業は資本金2,000万円以上の約1万社）で、調査項目は、「判断項目」「年度計画」「四半期項目」「新卒者採用状況（6月、12月調査のみ）」の4種類である。調査結果の公表は、3月、6月、9月の調査は翌月の初旬、12月の調査結果は12月中旬に行われる。

（1）業況判断DI

調査結果のなかで、最も注目度が高いのが「判断項目」における業況判断DIである。現在の業況と3カ月後の業況の予測についてアンケート調査を行い、「良い」「さほど良くない」「悪い」の選択肢のなかから回答をもらい、業況判断DIを算出する。

業況判断DI（％ポイント）＝ 「良い」と回答した企業の割合 － 「悪い」と回答した企業の割合

（2）最近の特徴

最近の業況判断DIの特徴として、直近の景気循環の動きに対する連関性の高さと、企業の売上高経常利益率に対する相関の高さが挙げられる。

6 消費者態度指数

消費者の意識、サービス等の支出予定、主要耐久消費財等の保有状況等を迅速に把握して景気動向判断の基礎資料とするために、消費動向調査から、消費者態度指数を算出している。この指数は内閣府が毎月15日に消費動向調査を行い、翌月上旬に公表している。

消費者態度指数とは、「暮らし向き」「収入の増え方」「雇用環境」「耐久消費財の買い時判断」の4項目に関して、今後半年間の見通しについて5段階評価による回答から算出した消費者意識指標を平均して算出するものである。

7 家計消費支出

　総務省は、世帯を対象に家計の毎月の収入・支出、年間収入、貯蓄・負債などについて毎月、家計調査を行い、家計調査報告として公表している。家計調査報告の1項目として家計消費支出がある。

8 物価指数

　物価指数とは、ある時点（比較時）における様々な財（サービス）の平均的な価格水準が、一定の基準時（基準年）における平均的な価格水準と比較してどの程度変化したかを示したものをいう。

(1) 消費者物価指数（CPI）

　消費者物価指数は、全国の世帯が購入する家計に係る財（商品）およびサービスの価格等を総合した物価の変動を時系列的に測定するもので、総務省が毎月調査・公表する。家計の消費支出を対象としているため、税金や社会保険料などの非消費支出や、有価証券の購入、土地・住宅の購入などの資産価格は指数の対象に含まれていない。消費者物価指数は、各種経済政策や公的年金の改定等に利用されている。

　なお、消費者物価指数では、季節変動を除去した季節調整値を、「総合」、「生鮮食品を除く総合」、「生鮮食品及びエネルギーを除く総合」などの8系列について公表している。価格変動の激しい生鮮食品を除いた指数をコアCPIと呼ぶ。

(2) 企業物価指数（CGPI）

　企業間取引および貿易取引の商品価格を対象に日本銀行が毎月調査・公表する。消費者物価指数とは異なり、サービス価格は反映されていない。

　企業物価指数は、「国内企業物価指数」「輸出物価指数」「輸入物価指数」の3つの基本分類指数と参考指数から構成されている。なお、消費者物価指数と比べて半年程度先行するといわれ、短期的な変動率が大きく為替の影響も直接的に受ける。

　企業物価指数は、企業間で取引される財の価格について基準時点の年平均価格を100とした指数であり、公表対象月が2022年5月以後のものは2020年が基準時点となっている。

9 マネーストック統計

　マネーストック統計は、日本銀行が毎月公表している。

　マネーストックとは、「金融部門から経済全体に供給される通貨の総量」のことで、金融機関以外の民間部門（通貨保有主体）が保有する通貨量をいう。一般法人、個人、地方公共団体等が保有する通貨は含まれるが、国や金融機関が保有する預金等は含まれない。

　マネーストックは、マクロの金融情勢を表す代表的な指標の1つである。一般に、マネーストックの伸び率が高いとき、景気拡大局面にあると判断され、伸び率が低い

とき、景気後退局面にあると判断される。

M1、M2、M3、広義流動性の4つの指標のうち、代表的な指標はM3である。また、従前の代表的な指標である「M2＋CD」と継続する指標は、M2である。M1とM3の通貨発行主体は全預金取扱機関であるが、M2の通貨発行主体は国内銀行等とされ、ゆうちょ銀行や農協、漁協、労働金庫、信用組合などは含まれていない。

■マネーストック統計の各種指標

広義流動性	M3	M1	現金通貨
			預金通貨(要求払預金)
		準通貨 (定期預金＋据置貯金＋定期積金＋外貨預金)	
		CD (譲渡性預金)	
	金銭の信託＋投資信託＋金融債＋銀行発行普通社債＋金融機関発行CP＋国債＋外債		

（注1）M2＝現金通貨＋国内銀行（除くゆうちょ銀行等）等に預けられた預金（M3と同範囲の金融商品）。外国銀行在日支店、信用金庫、信金中央金庫、農林中央金庫、商工組合中央金庫を含む。
（注2）M1とM3の対象金融機関は、全預金取扱機関

10 雇用関連統計

（1）完全失業率

労働力人口（15歳以上の就業者および完全失業者）に占める完全失業者の割合で、総務省が「労働力調査」で毎月公表する。完全失業者とは、調査期間中に求職活動をしたが職につかなかった者をいう。

数値が高いほど景気が悪いことを示す。

$$完全失業率（\%）= \frac{完全失業者数}{労働力人口} \times 100$$

（2）有効求人倍率

公共職業安定所で扱った有効求人数を有効求職者数で除したもので、厚生労働省が「職業安定業務統計」で毎月公表する。

倍率が高いと人手不足（好況）、倍率が低いと就職難（不況）であることを示す。

$$有効求人倍率（倍）= \frac{求人数}{求職者数}$$

11 その他の経済指標

■米国の経済指標

消費者物価指数（CPI）	労働省労働統計局（BLS）が毎月中旬ごろに発表する米国の消費者が購入する物やサービスの価格変動を示す。
消費者信頼感指数	コンファレンスボード（民間調査機関）が毎月、現在の景気・雇用情勢や6カ月後の景気・雇用情勢・家計所得の見通し（消費者マインド）について5000世帯を対象にアンケート調査し、1985年を100として指数化したもの。
雇用統計	非農業部門雇用者数（農業部門を除いた産業で働く雇用者数）と失業率が代表的である。労働省労働統計局（BLS）が公表している。
ISM製造業景況感指数	製造業の購買・供給管理責任者を対象としたアンケート調査をもとにした、製造業の景況感を示す指数。全米供給管理協会（ISM）が公表している。50を上回ると景気拡大、50を下回ると景気後退と判断される。
S&Pケース・シラー住宅価格指数（CSI）	住宅価格動向を示す代表的な指数の1つで、S&P（スタンダード＆プアーズ）社が公表している。全米の主要都市圏における戸建住宅の再販価格をもとに算出した住宅価格指数。

2 金融政策

1 金融政策とは

日本銀行法では、日本銀行の金融政策の理念を「物価の安定を図ることを通じて国民経済の健全な発展に資すること」としている。金融政策の手段は、支払準備率操作と公開市場操作が代表的であるが、現在は**公開市場操作が中心**である。具体的には、日本銀行の**政策委員会・金融政策決定会合**で決定（政策委員による多数決）された**金融市場調節**の方針に従って、日々の金融調節が行われる。

景気拡大により金利を高めに誘導する政策を「金融引締政策」、景気後退により金利を低めに誘導する政策を「金融緩和政策」という。

2 金融政策の手段

（1）支払準備率操作（預金準備率操作）

民間金融機関は、預金の一定割合を準備預金として日本銀行に預ける（日銀当座預金）ことが法律で定められている。この一定割合（支払準備率）を上下させることを支払準備率操作という。支払準備率が引き上げられると市中は資金不足となって金利は上昇し、反対に支払準備率が引き下げられると市中は資金余剰となって金利は低下する。なお、1991年10月以降、支払準備率は変更されていない。

（2）公開市場操作

公開市場操作とは、日本銀行が短期金融市場で民間金融機関に対して国債や手形などを売買することにより、資金の総量・金利を操作する政策である。

日本銀行が保有する国債や手形などを売却して短期金融市場から資金を吸収するための**売り（資金吸収）オペレーション**と、買い入れて資金を供給するための**買い（資金供給）オペレーション**がある。買いオペレーションでは、ETF（上場投資信託）、J-REIT（上場不動産投資信託）、CP、社債も対象になっている。

売りオペレーションを行うと市中は資金不足となって金利は上昇し、反対に買いオペレーションを行うと市中は資金余剰となって金利は低下する。

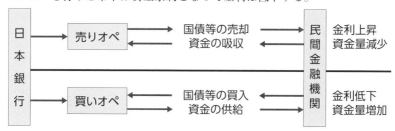

日本銀行は、このように公開市場操作を主たる手段として、短期金融市場の資金量を調節することによって、金融市場調節方針によって示された無担保コール翌日物金利の誘導目標を実現するのが原則である。短期金融市場の金利は、他の金融市場の金利や市中金利に波及し、その結果、経済活動全体に金融政策の影響が及ぶ。

3 量的・質的金融緩和

　日本銀行は、2013年4月の政策委員会・金融政策決定会合において、「量的・質的金融緩和」の導入を決定し、**金融市場調節の操作目標を無担保コール翌日物金利からマネタリーベースに変更**した。

　マネタリーベースとは、**日本銀行が供給する通貨**のことで、具体的には市中に出回っている流通現金と日銀当座預金の合計値である。マネーストックとは異なり金融機関の保有分が含まれる。

> **マネタリーベース ＝ 日本銀行券発行高 ＋ 貨幣流通高 ＋ 日銀当座預金**

　2014年10月の政策委員会・金融政策決定会合においては、「量的・質的緩和」の拡大（マネタリーベース増加額の拡大、資産買入れ額の拡大など）を決定した。

　2016年1月の政策委員会・金融政策決定会合においては、「マイナス金利付き量的・質的金融緩和」の導入を決定し、**日銀当座預金の一部に▲0.1％のマイナス金利を適用**した。日銀当座預金は、「基礎残高（プラス金利）」「マクロ加算残高（ゼロ金利）」「政策金利残高（マイナス金利）」の3段階に分割される。

　日本銀行は、2％の「**物価安定の目標**」の実現を目指し、安定的に持続するために必要な時点までこの金融緩和手段を継続することで、「量」「質」「マイナス金利」の3つの次元で金融緩和を推進することとした。

　2016年9月の政策委員会・金融政策決定会合においては、金融緩和強化のための新しい枠組みである「長短金利操作付き量的・質的金融緩和」を導入した。これは、金融市場調節によって長短金利の操作を行う「イールドカーブ・コントロール」と、消費者物価上昇率の前年比上昇率の実績値が安定的に2％の「物価安定の目標」を超えるまで、マネタリーベースの拡大方針を継続する「オーバーシュート型コミットメント」からなる。

　2018年7月の政策委員会・金融政策決定会合の議論を踏まえ、「強力な金融緩和継続のための枠組み強化」が公表された。主な内容は以下のとおり。

> ・政策金利のフォワードガイダンス（当分の間、現在のきわめて低い長短金利の水準を維持することを想定）
> ・政策金利残高の見直し（現在の水準から減少させる）
> ・ETFの銘柄別の買入れ額の見直し（TOPIXに連動するETFの買入れ額を拡大）

　2020年4月の政策委員会・金融政策決定会合において、新型コロナウイルス感染症拡大の影響を踏まえた「金融緩和の強化」が公表された。内容は以下のとおり。

- ＣＰ・社債等買入れの増額等
- 新型コロナ対応金融支援特別オペ（2020年3月に導入・開始）の拡充
- 国債のさらなる積極的な買入れ

また、2021年3月の政策委員会・金融政策決定会合の議論を踏まえ、「より効果的で持続的な金融緩和について」が公表された。内容は以下のとおり。

- 機動的に長短金利の引き下げを行うため、短期政策金利に連動する「貸出促進付利制度（日本銀行が金融機関の貸出を促進する観点から行っている各種資金供給について、その残高に応じて一定の金利をインセンティブとして付与する制度）」を創設
- イールドカーブ・コントロールについて、平素は柔軟な運営を行うため、長期金利の変動幅は±0.25％程度であることを明確化。同時に、必要な場合に強力に金利の上限を画すため、「連続指値オペ制度」を導入（2022年3月に初めて実施）

短期金利	日本銀行当座預金のうち政策金利残高に▲0.1％のマイナス金利を適用する。
長期金利	10年物国債金利がゼロ％程度で推移するよう、上限を設けず必要な金額の長期国債の買入れを行う。

- ETFおよびJ-REITについて、新型コロナウイルス感染症の影響への対応のための臨時措置として決定したそれぞれ約12兆円および約1,800億円の年間増加ペースの上限を、感染症収束後も継続
  ※ETFの買入れ対象はTOPIX連動型のみとし、日経平均株価連動型は対象外とする。

2022年12月の政策委員会・金融政策決定会合において、緩和的な金融環境を維持しつつ、市場機能の改善を図り、より円滑にイールドカーブ全体の形成を促していくため、長短金利操作の運用を一部見直すことを決定した。内容は以下のとおり。

- 長短金利操作の運用
  国債買入れ額を大幅に増額しつつ、長期金利の変動幅を、従来の「±0.25％程度」から「±0.5％程度」に拡大する。

2023年10月の政策委員会・金融政策決定会合では、長短金利操作の運用をさらに柔軟化することを決定した。具体的には、長期金利の目標を引き続きゼロ％程度としつつ、その上限の目途を 1.0％とし、大規模な国債買入れと機動的なオペ運営を中心に金利操作を行うこととする。

- イールドカーブ・コントロール
  短期金利：日本銀行当座預金のうち政策金利残高に▲0.1％のマイナス金利を適用する。
  長期金利：10 年物国債金利がゼロ％程度で推移するよう、上限を設けず必要な金額の長期国債の買入れを行う。長期金利の上限は 1.0％に拡大された。

2024年3月の政策委員会・金融政策決定会合では、賃金と物価の好循環の強まりを確認、先行き、見通し期間終盤にかけて、2％の「物価安定の目標」が持続的・安定的に実現していくことが見通せる状況に至ったと判断し、これまでの「長短金利操作付き量的・質的金融緩和」の枠組みおよびマイナス金利政策を見直した。

　具体的には、長短金利操作（イールドカーブコントロール）を撤廃し、政策金利を無担保コールレート（オーバーナイト物）としたうえで、これを0〜0.1％程度で推移するよう促す。

・長期国債はこれまでと同程度の金額で買い入れを継続

・ETFおよびJ-REITの買い入れを終了

・CP等・社債等は買い入れ額を段階的に減額し、1年後をめどの買い入れを終了　　など

---

4 米国の金融政策

（1）連邦準備制度理事会（FRB）

　米国で中央銀行の役割を果たすのは、連邦準備制度理事会（FRB）である。FRBでは、年8回、2日間かけて連邦公開市場委員会（FOMC）が開催され、金融政策の方針が決定される。

（2）連邦公開市場委員会（FOMC）

　連邦公開市場委員会（FOMC）では、政策金利（フェデラル・ファンド金利）の誘導目標などを発表している。2023年12月に開催されたFOMCにおいては、2024年末時点の金利の誘導目標の予測中央値を4.6％とし、今後は水準の維持または引下げが予想される。

チェックテスト

(1) 経済成長率は、一国の経済規模が一定期間においてどの程度拡大したかを示す割合であり、この算出にあたっては、GDP（国内総生産）の成長率を用いるのが一般的である。

(2) 景気動向指数のCI（コンポジット・インデックス）は、景気の拡張局面では50％を上回り、景気の後退局面では50％を下回る傾向がある。

(3) 景気動向指数のDI（ディフュージョン・インデックス）は、景気変動の大きさやテンポ（量感）を把握することを目的としている。

(4) 景気動向指数において、有効求人倍率が遅行系列に位置付けられているのに対して、完全失業率は一致系列に位置付けられている。

(5) 国土交通省が公表する新設住宅着工床面積は、景気動向指数の先行系列に採用されている。

(6) 消費者物価指数は、全国の世帯が購入する家計に係る財およびサービスの価格等を総合した物価の変動を時系列的に測定するもので、この指数には、税金や社会保険料などの非消費支出は含まれていない。

(7) 企業物価指数とは、企業間で取引される財およびサービスの価格を指数化したもので、日本銀行が毎月公表する。

(8) 完全失業率は、労働力人口に占める完全失業者の割合であり、この数値が高いほど景気が悪いことを示す。

(9) 米国の雇用統計は、労働省労働統計局（BLS）が発表する米国の雇用情勢を表す指標で、「失業率」「非農業部門雇用者数」などの項目がある。

解答

(1) ○　　(2) ×　　(3) ×　　(4) ×　　(5) ○
(6) ○　　(7) ×　　(8) ○　　(9) ○

第2章

投資信託

過去の出題状況	2022.5	2022.9	2023.1	2023.5	2023.9	2024.1
分類・費用		☆				
主要な投資信託	☆					☆
ディスクロージャー			☆			
個別元本方式	☆					

1. 投資信託の分類・費用

投資信託の運用手法はパッシブ運用およびアクティブ運用をはじめとして、多様な分類がされる。

2. 主要な投資信託

最も主要な株式投資信託を中心に、いくつかのタイプの投資信託商品がある。

3. 投資信託のディスクロージャー・評価

目論見書は投資信託の購入段階で交付され、運用報告書は保有中に決算期ごとに交付される。

4. 投資信託の個別元本方式

個別元本方式による収益分配金には、課税対象となる普通分配金と、非課税となる特別分配金がある。

1 投資信託の分類・費用

1 投資信託とは

　投資信託は、投資家から集めた資金を一つの大きな資金（ファンド）としてまとめ、運用の専門家が株式や債券などに投資・運用する商品である。運用成果は投資家の投資額により配分されるが、値動きのある証券に投資するため、元本は保証されていない。

■基本用語の確認

ファンド	運用される資産。投資信託の個別商品をいうときに「ファンド」といわれることが多い。
信託期間	運用される期間。無期限のものもある。
信託財産	運用財産
基準価額	投資信託の受益権1万口当たりの時価（純資産価値）。資産（時価）から負債を控除した純資産総額を受益権口数で除して得た価額で、1日に1回計算される。通常、当初の投資信託の設定時には1万口当たり1万円で開始される。
収益分配金	運用によって得た収益等を分配するもの

2 投資信託の分類

（1）契約型投資信託と会社型投資信託

　投資信託はその設立形態により、契約型と会社型がある。

　「契約型投資信託」とは、委託者（投資信託委託会社、運用会社）、受託者（信託銀行）、受益者（投資家）の三当事者によって成立している。委託者と受託者が投資信託契約を結ぶことから契約型投資信託という。日本の投資信託はほとんどが契約型である。

　「会社型投資信託」とは、投資を目的とする法人を設立し、その投資証券を投資家に取得させ、運用益を配当金の形で投資家に分配する。日本における会社型投資信託は投資法人と呼ばれ、社団という形をとっている。

　① 契約型投資信託

　　契約型投資信託には、委託者が運用指図を行う「委託者指図型投資信託」と受託者が運用する「委託者非指図型投資信託」があるが、ほとんどが「委託者指図型投資信託」である。

■委託者指図型投資信託の仕組み

委託者 （投資信託委託会社・ 運用会社）	委託者は、多様な種類のファンドを設定して、受託者に対して信託財産に対する運用の指図を行う。また、取得した株式等に対する議決権の指図行使を行うなど、中心的役割を担う。目論見書・運用報告書の作成義務がある。
受託者（信託銀行）	信託財産の保管や管理を行うほか、信託財産の名義人となり、自己の名義にて管理を行う。信託財産は受託者自身の資産と分けて管理する分別管理が義務付けられている。
販売会社 （証券会社・銀行等）	受益者（投資家）に対してファンドの販売や収益分配金の支払いなど、投資家の窓口としての役割を担う。通常、販売会社から受益者に対して、目論見書・運用報告書の交付が行われる。なお、販売会社を通さずに、委託者が直接販売する場合もある。
受益者（投資家）	投資家は、購入した投資信託の受益権を有する受益者となる。

■委託者指図型投資信託のイメージ図

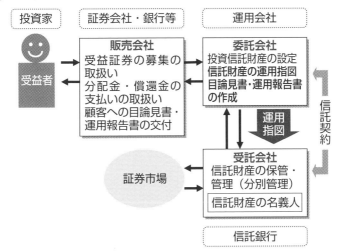

② 会社型投資信託（投資法人）の仕組み

日本における会社型投資信託は、株式会社ではなく投資法人（社団）として設立が認められている。

また、配当等の額が配当可能利益の90％超である場合、投資法人は、租税特別措置法により、配当等の額を**損金算入**することが認められている。

なお、会社型投資信託には、J-REITのほか、インフラファンド、ベンチャーファンドがある。

（2）追加型と単位型

追加型 （オープン型）	いつでも購入・換金できる。委託者は追加設定（ファンドに対する資金の追加）ができる。信託期間が定められていない、または定められていても10年以上など長期である。
単位型 （ユニット型）	購入は募集期間だけに限られる。委託者は追加設定ができない。信託期間があらかじめ定められている。

（3）オープンエンド型とクローズドエンド型

オープンエンド型	委託者・投資法人が解約受付の義務を負っている、つまり投資家がそのときの純資産価格に基づいて解約できる。ただし、一定期間は解約できないクローズド期間（解約禁止期間）が設定されている場合もある。
クローズドエンド型	委託者・投資法人が解約受付の義務を負っていない、つまり投資家は解約をできない。投資家が換金するためには流通市場で売却するため、必ずしも純資産価額で換金できるとは限らない。

（4）運用対象による分類

証券投資信託	公社債投資信託	株式を一切組み入れることができない。国債、地方債、社債などの公社債、CD、CPなどの短期金融商品を中心に運用される。
	株式投資信託	株式を組み入れることができる。実際には公社債中心に運用されていても、投資信託約款上、株式の組入れが可能なものは、公社債投資信託ではなく株式投資信託に分類される。
不動産投資信託		主として不動産で運用する

（5）運用手法による分類

　運用手法には、パッシブ運用とアクティブ運用の2つがあり、アクティブ運用はさらにいくつかの運用手法に分かれている。

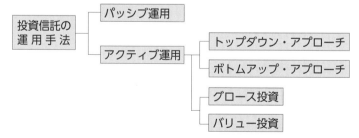

■パッシブ運用とアクティブ運用

パッシブ運用	あらかじめ定めたベンチマークに連動した運用成果を目標とする。ベンチマークとは、例えばTOPIX（東証株価指数）や日経平均株価などの指数で、目標とする基準のことをいう。インデックス運用とも呼ばれ、代表的なものにインデックスファンドがある。パッシブ運用は効率的な市場を前提とした運用手法である。

アクティブ運用	あらかじめ定めたベンチマークを上回る運用成果を目標とする。アクティブ運用は非効率な市場を前提とした運用手法である。一般的に、パッシブ運用と比較して運用管理費用（信託報酬）は高い。

■効率的な市場と非効率な市場

効率的な市場 （効率的市場仮説）	ある情報は即座に株価に反映されるため、市場においてミスプライス（「買われすぎ」や「売られすぎ」）はないとする仮説。この考え方を前提とすれば、個別銘柄の選択自体に効果は期待できず、市場平均に投資する方法が最も高い収益をあげることができるとされる。
非効率な市場	市場にはミスプライスが当然に存在するため、個別銘柄を取捨選択することにより、市場全体の収益率を上回る収益をあげることが可能であるという考え方。

■トップダウン・アプローチとボトムアップ・アプローチ

トップダウン・アプローチ	経済・金利・為替などのマクロ的な投資環境の予測・分析、産業指標に対する企業利益への影響等を判断し、資産配分や業種別配分を決め、その後、個別銘柄の選別を行う。
ボトムアップ・アプローチ	トップダウン・アプローチとは反対に、個別企業の情報をもとにして成長性等のある銘柄をピックアップして運用する。1つ1つの企業動向というミクロの部分からポートフォリオを作り上げる。

■グロース投資とバリュー投資

グロース投資	将来的な成長性が見込める業種や銘柄（成長株）を選択して、投資対象とする。運用成績が企業の将来的な業績の動向に大きく左右されてしまう場合もある。 成長性が高い銘柄であるため、株価が高いことから、市場平均に比べてPERが高く配当利回りが低いポートフォリオとなることが多い。
バリュー投資	企業の利益水準や資産価値などから判断して、株価が相対的に割安な水準にある銘柄（割安株）に、先回りして投資していく。PERやPBRの低いもの、配当割引モデルによる内在価値が高いものなどが代表的な選択基準となり、現在何らかの理由で人気の圏外にあり、株価が割安におかれている株式が投資対象となる。

③ 投資信託に関する戦略

（1）ロング・ショート運用

　割安と判断される銘柄を買い建て（ロング・ポジション）、同時に割高と判断される銘柄を売り建てる（ショート・ポジション）運用手法である。

（2）マーケット・ニュートラル運用

　ロング・ポジションとショート・ポジションを同額組み合わせることなどで、マーケット（市場）の上昇・下落にかかわらず市場動向の影響を受けることなく利益を追求する運用手法である。

（3）スマートベータ運用

時価総額以外の特定の要素（財務指標など）に着目して構成された新しいタイプの指数（スマートベータ指数＝賢い指数）を連動指数とする運用手法で、リターンが市場平均を上回る傾向があるとされる。たとえば、ROE等に着目して構成された指数であるJPX日経インデックス400は、スマートベータ指数と考えることができる。

（4）コア・サテライト運用（戦略）

長期間保有することを前提に成長性を重視して選定した銘柄（コア）と、短期間で売買することを前提に収益性を重視して選定した銘柄（サテライト）を組み合わせて運用する運用手法（戦略）である。

（5）ESG投資

財務情報だけでなく、環境・社会・企業統治の要素も考慮して行う投資のことである。

4 投資信託に関する費用

（1）購入時手数料

一般的に投資信託の購入時には購入時手数料（および消費税）を必要とする。同一の投資信託でも、販売会社によって購入時手数料が異なる場合がある。単位型投資信託は内枠で徴収され、追加型投資信託は外枠で徴収される場合が多い。購入時手数料のないものをノーロード・ファンドという。

なお、償還された投資信託の償還金の範囲内で、新たに投資信託を購入する場合、購入時手数料を無料または割り引く制度（償還乗換優遇制度）を取り入れている販売会社もある。

（2）運用管理費用（信託報酬）

信託財産の運用業務や管理業務に係る報酬であり、信託財産のなかから差し引かれる。この費用は投資信託委託会社、販売会社、信託銀行の三者が受け取る。一般的に、運用成績に関係なく毎日計算され、年率（％）で表示され、信託財産から日々控除される。

■運用管理費用の内訳

投資信託委託会社	委託者報酬	運用のための費用や報酬、目論見書や運用報告書等の開示資料の作成費用
販売会社	代行手数料	収益分配金、解約代金、償還代金の支払取扱の事務費用や運用報告書などの発送費用等。なお、代行手数料は、委託者報酬から販売会社に支払われる。
信託銀行	受託者報酬	資産の保管・管理のための費用

(3) 監査報酬

投資信託は、原則として決算ごとに監査法人等の監査を受けなければならない。そのための費用が監査報酬であり、運用管理費用とは別に信託財産のなかから差し引かれる。

(4) 信託財産留保額

投資家が投資信託を途中で換金する場合、投資信託を保有し続ける者との公平性を確保するために、換金代金のなかから控除される（購入時に徴収される場合もある）。

なお、これは信託財産に留保されて基準価額に反映されるもので、投資信託委託会社、販売会社、信託銀行に対する**手数料ではない**。信託財産留保額が徴収されない投資信託もある。

2 主要な投資信託

1 追加型公社債投資信託

（1）MRF（マネー・リザーブ・ファンド：証券総合口座用ファンド）

特徴	証券総合口座専用の追加型公社債投資信託。高格付の公社債のほか、CD、CPなど短期金融商品で運用される。いつでも手数料なしで引き出せる換金性の高さが特徴。元本に損失が生じた場合に投資信託委託会社が補塡することが認められている。
信託期間	無期限
収益分配	実績分配型 毎日決算を行い（日々決算型）、収益分配金（税引後）を月末にまとめて自動的に再投資する1カ月複利
購入単位	1円以上1円単位
換金	購入後いつでも手数料なしで換金できる。 当日引出し（キャッシング）が可能。

（2）MMF（マネー・マネジメント・ファンド）

特徴	国内外の公社債を中心に、CDやCPなど短期金融商品で運用する追加型公社債投資信託
信託期間	無期限
収益分配	実績分配型 毎日決算を行い（日々決算型）、収益分配金（税引後）を月末にまとめて自動的に再投資する1カ月複利
購入単位	1円以上1円単位
換金	当日引出し（キャッシング）が可能。 30日未満に解約するときは、信託財産留保額（1万口当たり10円程度）が差し引かれる。

（注）MMFは、日本銀行のマイナス金利導入に伴い安定した運用が困難となり、国内の全運用会社で償還されている。外貨建MMFについてはP.82参照。

2 証券取引所に上場されている投資信託

　証券取引所に上場されて市場価格で売買取引が行われる投資信託には、ETF（上場投資信託）や、J-REIT（上場不動産投資信託）などがある。

　取引所の立会時間中、どの証券会社でも注文ができ、指値注文・成行注文いずれも可能である。信用取引の対象としても認められている。なお、受渡日は上場株式と同様、約定日から起算して3営業日目となる。

（1）ETF（上場投資信託）

　特定の株価指数や商品指数など、さまざまな指標に運用成績が連動するよう設計されている。株価指数だけでなく、新しい指標に連動するETFが多数上場されている。

　非上場のインデックスファンドと比べると、売買コストや運用管理費用（信託報酬）などの費用が低く抑えられるという特徴がある。

① レバレッジ型指標・インバース型指標

レバレッジ型ETF	ブル型のETF。原指標の変動率に一定の正の倍数を乗じて算出されるレバレッジ型指標に連動する。
インバース型ETF	ベア型のETF。原指標の変動率に一定の負の倍数を乗じて算出されるインバース型指標に連動する。

② エンハンスト型指標

　エンハンスト型指標とは、一定の投資成果を実現するための投資戦略を表した指標のことで、「カバードコール指標」「リスクコントロール指標」「マーケットニュートラル指標」などがある。2024年4月現在、東京証券取引所には、「カバードコール指標」と「マーケットニュートラル指標」に連動するETFが上場されている。

③ ファクターに注目した指標

　ファクターとは、投資資産（株式、債券、REIT等）の価格変動に影響を与えると考えられている共通の要因のことをいう。たとえば、市場変動や企業規模、株価純資産倍率（PBR）、株価収益率（PER）、株主資本利益率（ROE）、為替変動、金利変動などがある。

　アクティブ運用型ETFとは、株価指数など特定の指標に連動した投資成果を目指すETFとは異なり、連動対象となる指標が存在しないETFで、ベンチマークを上回る投資成果を得る可能性を提供する。アクティブ運用型ETFには、連動対象となる指標が存在しないだけであり、特定のセクターや市場に対するエクスポージャーを提供することを主な目的とするものも含まれており、多種多様な商品が存在する。

　2024年3月現在、アクティブ運用型ETFは、東京証券取引所に10種類上場されている。

（2）ETN（上場投資証券）

　ETNは投資信託ではなく債券の一種であるが、価格が株価指数や商品価格等の特定の指標に連動する商品であるため、ETFとよく比較される。ETNは、金融機関がその信用力をもとに、価格が特定の指標に連動することを保証する債券である。ETFと異なり、裏付けとなる現物資産は保有しておらず、金融機関の倒産や財務状況の悪化等の影響による信用リスクがある。

（3）J-REIT（上場不動産投資信託）

　不動産投資信託は、投資家から集めた資金をオフィスビルなどの不動産で運用し、そこから得られる賃貸収入や不動産の売却益などを配当金等として投資家に還元する。J-REITは、クローズドエンド型の**会社型投資信託**（投資法人）である。

3 アンブレラ型ファンド

投資家があらかじめ設定された複数のサブファンドの中から投資対象を自由に組み合わせることができる投資信託。運用中にサブファンドを組み替えることができる。

4 ブル・ベア型ファンド

デリバティブ（金融派生商品）を使って、積極的に収益を狙う派生商品型の投資信託。ハイリスク・ハイリターンな投資信託である。

- ブル型ファンド（ブル＝強気相場）
  ……相場上昇により相場よりも基準価額が大きく上昇するファンド
- ベア型ファンド（ベア＝弱気相場）
  ……相場下落により基準価額が上昇するファンド

5 毎月分配型ファンド

毎月収益の分配が行われる投資信託を総称して毎月分配型ファンドと呼んでいる。決算は毎月行われるが、運用実績により、毎月収益分配金が支払われるとは限らない。

6 ファンド・オブ・ファンズ

複数の投資信託に分散投資する投資信託である。他のファンド・オブ・ファンズや直接株式や債券などの個別銘柄には投資できず、1つの投資信託への投資は純資産総額の50%を超えてはならない。

7 ドルコスト平均法

まとまった資金で一括して購入するのではなく、購入するタイミングを分けて、毎月一定額の積立方式で購入する方法がある。この場合、ドルコスト平均法による投資効果を得られる。

価格の動きやタイミングに関係なく、価格が変動する商品を定期的に**一定金額ずつ**購入する方法をドルコスト平均法という。価格が高いときには少ない数量を、価格が安いときには多くの数量を購入できるため、長期間買い続けると、一定数を定期的に購入する方法に比べて平均購入単価が低くなる効果がある。

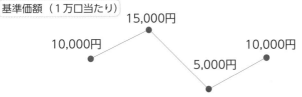

■ドルコスト平均法（1回10万円）と定額数（1回10万口）買付けの比較

基準価額（1万口当たり）

	第1回	第2回	第3回	第4回	合　計	平均 購入単価
基準価額 （購入単価）	10,000円	15,000円	5,000円	10,000円		
ドルコスト 平均法	10万口	6.6万口	20万口	10万口	46.6万口	1万口当たり 8,583円
	10万円	10万円	10万円	10万円	40万円	
定額数 買付け	10万口	10万口	10万口	10万口	40万口	1万口当たり 10,000円
	10万円	15万円	5万円	10万円	40万円	

ドルコスト平均法：$\dfrac{40万円}{46.6万口}=8,583円$

定額数買付け：$\dfrac{40万円}{40万口}=10,000円$

　どちらの買付方法も合計40万円を投資しているが、1万口当たりの平均購入単価（基準価額）は、ドルコスト平均法は8,583円、定額数買付けは10,000円となり、ドルコスト平均法のほうが低くなる。

■計算例

> 　ドルコスト平均法を利用して投資信託を100万円ずつ購入する。各回の購入単価（基準価額）が以下のとおりであるときの平均購入単価はいくらか。なお、手数料等は考慮しないこと。また、計算過程の1口未満は切り捨て、円未満は四捨五入すること。
>
> | 購入時期 | 第1回 | 第2回 | 第3回 | 第4回 |
> |---|---|---|---|---|
> | 購入単価 | 10,100円 | 10,300円 | 9,200円 | 10,600円 |
>
> 【解　答】
> 　　第1回：100万円÷10,100円≒99口
> 　　第2回：100万円÷10,300円≒97口
> 　　第3回：100万円÷9,200円≒108口
> 　　第4回：100万円÷10,600円≒94口
> 　　　　　　　合計　398口
> 　（100万円×4回）÷398口≒10,050円

3 投資信託のディスクロージャー・評価

1 目論見書（投資信託説明書）

　目論見書（投資信託説明書）は、委託者が作成し、通常、販売会社を通じて投資家に交付される。

（1）交付目論見書

　交付目論見書は基本的な情報が記載され、投資家に必ず交付するもので、投資信託を販売する前または同時に交付される。ただし、次の条件に該当する投資家が、目論見書の交付を受けないことについて事前に同意した場合には、販売会社は交付義務が免除される。

> ・すでに当該投資信託と同一の銘柄を保有している場合
> ・その同居者がすでに当該目論見書の交付を受け、または確実に交付を受けると見込まれる場合

　また、事前に投資家の同意を得たうえで、インターネットのホームページ、電子メールなどの方法により電子交付することもできる。

（2）請求目論見書

　請求目論見書は、投資家から請求があった際に交付するもので、ファンドの沿革や経理状況といった追加的な情報が記載されている。

2 運用報告書

　運用報告書は、委託者が作成し、通常、販売会社を通じて投資家に交付する。原則として、決算期ごとに作成・交付されるが、決算期間が6カ月未満の投資信託については6カ月に一度作成・交付すればよいこととされている。ただし、日々決算型ファンドであるMRFとMMFについては、次のように、別途、規定されている。

> MRF……運用報告書の作成・交付義務が免除されている
> MMF……運用報告書は1年に一度作成・交付すればよい

（1）交付運用報告書

　運用報告書は、「交付運用報告書」と「運用報告書（全体版）」の二段階で発行することが義務付けられている。交付運用報告書には、運用状況に関する重要な事項（運用経過の説明、今後の運用方針など）が記載され、投資家に交付される。投資家の同意があれば電子交付することもできる。

（2）運用報告書（全体版）

　投資信託約款において電子的方法（ホームページなどでの掲載）により提供する旨を定めている場合には、交付したものとみなされるが、投資家から交付の請求があった場合には、交付しなければならない。

❸ トータルリターン通知制度

　販売会社は、投資信託の累積損益状況をトータルリターン通知制度により、投資家に対して年1回以上通知することが義務付けられている。トータルリターンとは、顧客が投資信託を購入したときから現在までの投資期間全体における分配金を含む損益で、以下のように計算される。

> トータルリターン
> ＝（現在の）評価金額＋受取分配金額の累計＋売付金額の累計－買付金額の累計

❹ 投資信託のパフォーマンス評価

（1）定性分析

　ファンドアナリストが、調査により運用機関の安定性・成長性・効率性や運用哲学・運用プロセス、ファンドマネジャーの資質、ディスクロージャーの質などを評価すること。

（2）定量分析

　ファンドを評価するときに、過去のパフォーマンス等の数値で計測されるものを対象として評価をすること。

4 投資信託の個別元本方式

1 個別元本の計算

　追加型株式投資信託は、受益者ごとに個別元本（買付価額）を把握する。個別元本は移動平均法により計算され、同一の投資信託を複数回に分けて購入した場合には、そのつど、個別元本が修正される。なお、追加型公社債投資信託（日々決算型ファンドを除く）にも個別元本方式が採用されている。

2 個別元本方式における収益分配金

　個別元本方式では、収益分配金が個別元本より多い部分が課税対象となる。収益分配金は、課税対象となる**普通分配金**と、元本の払戻しとみなされて非課税となる**元本払戻金（特別分配金）**の2つに区分される。

① 「分配落ち後の基準価額≧個別元本」のケース
　・全額が普通分配金として課税される。
　・分配金受取後の個別元本は修正されない。
② 「分配落ち後の基準価額＜個別元本」のケース
　・個別元本と分配落ち後の基準価額の差額は元本払戻金（特別分配金）として非課税となる。残額は普通分配金として課税される。ただし、「決算時の基準価額＞個別元本」（購入時より値下がりしている）の場合は、収益分配金の全額が元本払戻金（特別分配金）となる。
　・分配金受取後の個別元本は、元本払戻金（特別分配金）の分だけ減額修正される。
　なお、公募株式投資信託の普通分配金は、上場株式の配当金と同様、支払時に、20.315％が源泉徴収される。

■設例　①のケース

　　下記のケースで、Aさんの1万口当たりの手取りの収益分配金と分配金受取後の個別元本はいくらか。なお、税額は円未満を切り捨てること。

〈追加型株式投資信託Xファンド（1万口当たり）〉
Aさんの個別元本：　　　　8,000円
分配前の基準価額：　　　11,000円
収益分配金：　　　　　　 2,000円
分配落ち後の基準価額：　 9,000円

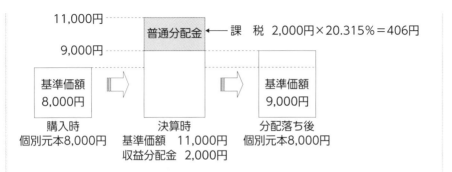

【解　答】

　「分配落ち後の基準価額9,000円≧個別元本8,000円」であるため、収益分配金2,000円の全額が普通分配金として課税対象となる。収益分配金が支払われた分だけ基準価額は少なくなるが、元本払戻金（特別分配金）を受け取っていないため、分配金受取後の個別元本は8,000円のまま修正されない。

・手取りの収益分配金＝2,000円－406円＝1,594円
・分配金受取後の個別元本＝8,000円

■設例　②のケース：その1

　下記のケースで、Bさんの1万口当たりの手取りの収益分配金と分配金受取後の個別元本はいくらか。なお、税額は円未満を切り捨てること。

〈追加型株式投資信託Xファンド（1万口当たり）〉
Bさんの個別元本：　　　10,000円
分配前の基準価額：　　　11,000円
収益分配金：　　　　　　2,000円
分配落ち後の基準価額：　9,000円

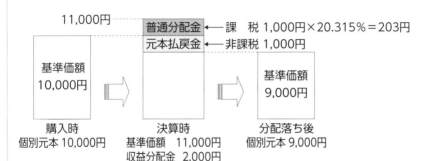

【解　答】
　「分配落ち後の基準価額9,000円＜個別元本10,000円」であるため、その差額1,000円が元本払戻金（特別分配金）として非課税となる。残額の1,000円は普通分配金として課税対象になる。元本払戻金（特別分配金）1,000円を受け取っているため、その分だけ個別元本は減額修正される。

・手取りの収益分配金＝2,000円－203円＝1,797円
・分配金受取後の個別元本＝10,000円－1,000円＝9,000円

■設例　②のケース：その2

　下記のケースで、Cさんの1万口当たりの手取りの収益分配金と分配金受取後の個別元本はいくらか。

〈追加型株式投資信託Xファンド（1万口当たり）〉
Cさんの個別元本：　　　14,000円
分配前の基準価額：　　　11,000円
収益分配金：　　　　　　 2,000円
分配落ち後の基準価額：　9,000円

【解　答】
　「分配落ち後の基準価額9,000円＜個別元本14,000円」かつ「個別元本14,000円＞決算時の基準価額11,000円」であるため、収益分配金2,000円の全額が元本払戻金（特別分配金）として非課税となる。元本払戻金（特別分配金）2,000円を受け取っているため、その分だけ個別元本は減額修正される。

・手取りの収益分配金＝2,000円
・分配金受取後の個別元本＝14,000円－2,000円＝12,000円

(1) 目標となるベンチマークを上回る投資成果を目指す運用スタイルを、アクティブ運用といい、非効率的な市場を前提としている。

(2) 株式の運用に際して、個別銘柄の成長性を重視して銘柄選択を行うスタイルを、バリュー投資という。

(3) ベア型ファンドは、一般に、ベンチマークのリターンが負の場合は正のリターンとなるように運用されるファンドである。

(4) スマートベータ運用は、時価総額の大きい銘柄を選定して運用するスタイルであり、一般に、リターンがTOPIX等の市場平均を上回る傾向があるとされる。

(5) ETF（上場投資信託）は、取引所の立会時間中であれば、いつでも、成行注文や指値注文による売買が可能である。

(6) ETF（上場投資信託）は、現物取引による売買に限られており、信用取引による売買はできない。

(7) ドルコスト平均法とは、価格が変動する商品を、定期的に一定金額ずつ購入する投資手法のことである。

(8) 投資信託のトータルリターンは、「評価金額＋累計売付金額－累計買付金額」により算出される。

(9) 投資信託の目論見書は、あらかじめ投資家の同意を得たうえで、インターネットのホームページ、電子メールなどの方法により投資家に交付することができる。

解答

(1) ○　　(2) ×　　(3) ○　　(4) ×　　(5) ○
(6) ×　　(7) ○　　(8) ×　　(9) ○

第3章

債券投資

過去の出題状況	2022.5	2022.9	2023.1	2023.5	2023.9	2024.1
種類				☆	☆	
債券のリスク		☆				
利回り計算	☆					☆
EB債						

1. 債券の仕組みと特徴
　債券は必ずしも額面通りで発行されるわけではないが、償還時は額面金額で償還される。

2. 債券の売買
　債券は店頭取引が多い。

3. 債券の種類
　債券には、10年物国債をはじめとして、個人向け国債や地方債、社債などがある。

4. 債券のリスク
　債券は原則として満期まで保有すれば額面金額で償還されるが、満期まで保有しなかった場合の価格変動リスクや、債券発行元が支払い不能になるデフォルトリスクなどがある。

5. 債券の利回り計算
　利付債券の利回り計算のほかに、割引債券の利回り計算がある。

6. EB債（他社株転換可能債）
　対象株式の価格の変動により、株式で償還される場合や額面金額で償還される場合がある。

1 債券の仕組みと特徴

1 債券（公社債とは）

債券とは、国や地方公共団体、企業などが、資金調達のために発行するものである。

債券は通常、利払日に利息が支払われ、償還日に額面金額が払い戻される。

償還日まで保有すれば額面で払い戻されるが、期中で売却すると売却益を得られる場合もあるが、元本割れすることもある。また、発行体の債務不履行により、利息の支払いが滞ることや額面が払い戻されないこともある。

2 債券の分類

（1）利付債券と割引債券

利付債券	通常半年ごとに利子（クーポン）が支払われ、償還時に額面金額で償還されるもの
割引債券	利子（クーポン）の支払いはなく、額面金額から利子相当額を割り引いた価格で発行され、償還時に額面金額で償還されるもの

（2）新発債と既発債

新発債	新たに発行されるもの
既発債	すでに発行されて流通市場で取引されているもの

3 債券の発行条件

（1）表面利率（クーポン・レート）

額面金額（債券の券面に記載された金額）に対して支払われる1年間の利子（クーポン）の割合のこと。変動利付債を除き、固定金利である。

（2）発行価格

債券の価格（単価）は、額面金額を100円とみなして表示される。発行価格も、額面100円当たりに対する価格で表示される。

債券は必ずしも額面通り100円で発行されるわけではない。額面で発行される場合をパー発行、額面を上回る価格で発行される場合をオーバー・パー発行、額面を下回る価格で発行される場合をアンダー・パー発行という。

（3）償還期限

　投資家に償還される満期までの期間を償還期限という。償還時には**額面金額**（単価100円）で償還される。発行から償還まで保有していた場合、発行価格によって利益（償還差益）・損失（償還差損）が生じることがある。

　なお、既発債が償還されるまでの残りの期間を残存期間という。

> ・　99円で発行　→　100円で償還　→　1円の償還差益が生じる
> ・101円で発行　→　100円で償還　→　1円の償還差損が生じる

（4）利払い

　利付債券の利子は、通常、半年ごとに年2回支払われる。

2 債券の売買

1 債券市場

　債券市場には、新発債が発行される発行市場と既発債の売買が行われる流通市場がある。流通市場の取引方法には、取引所取引、店頭取引、業者間取引の３種類がある。店頭取引が圧倒的に多く、そのなかでも国債の取引が特に多くなっている。

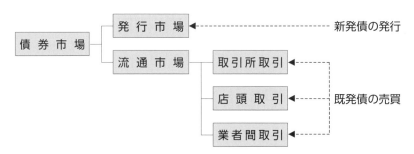

（1）取引所取引

　証券取引所に上場された債券を証券取引所のルールに従って売買する方法。転換社債等を除くと、上場されている債券は国債など一部の銘柄に限られる。債券は銘柄数が多く、そのすべてを証券取引所に上場して売買することは不可能なためである。

（2）店頭取引

　金融機関と投資家が証券取引所を経由せずに直接取引を行う方法で、相対取引ともいう。同じ債券でも売買価格は金融機関ごとに異なる。売買価格の目安として、売買参考統計値や店頭気配情報が公表されている。

（3）業者間取引

　金融機関同士が、市場を通さず直接に売買を行う方法。

3 債券の種類

1 国　債

　国債は、国が発行する債券である。国債は、証券が発行されないペーパーレス方式となっており、口座上の記録によって管理されている。

（1）長期利付国債（10年物）

償還期限	10年
利率	固定金利
利払い	年2回
申込単位	額面5万円
途中換金	市場価格で売却可能

（2）物価連動国債

　想定元本が物価の動向（**消費者物価指数**）に連動して増減し、表面利率は変動しない。額面10万円、償還期限は10年である。物価の変動により想定元本が増減すれば利子の額も増減することになる。償還金額は償還日の想定元本額となるが、物価が下落した場合（連動係数が1を下回る場合）であっても、**額面金額が保証される**。個人保有も可能である。

（3）個人向け国債

　購入対象者が個人に限られた国債で、**変動10年、固定5年、固定3年**の3種類がある。

　個人向け国債は、個人間であればいつでも譲渡できるほか、保有者が死亡した場合、相続人の口座へ移管することも可能となっている。

　変動10年の基準金利は、利子計算期間開始日の前月までに行われた10年固定利付国債の入札における平均落札利回りである。

■個人向け国債の特徴

分類	変動10年	固定５年	固定３年
金利タイプ	変動金利	固定金利	
償還期限	10年	５年	３年
金利水準	基準金利×0.66	基準金利−0.05％	基準金利−0.03％
下限金利	0.05％（上限金利はない）		
利払い	半年ごとに年２回※		
発行頻度	毎月		
購入単位	最低１万円から１万円単位		
発売価格	額面100円につき100円		
中途換金	第２期利子支払日以後（発行後１年経過後）、一部（１万円単位）または全部を中途換金可能（国が額面金額で買い取る）。ただし、「直前２回分の各利子（税引前）×0.79685」が差し引かれる。換金手数料は必要ない。 換金金額＝額面金額＋経過利子相当額−中途換金調整額		
中途換金の特例	災害救助法の適用対象となった大規模な自然災害により被害を受けた場合、または保有者本人が死亡した場合は、上記の期間にかかわらず換金可能。		

※　利払日は、毎年の発行月および発行月の半年後の15日である。

（4）新窓販国債（新型窓口販売方式）

　従来、郵便局にのみ認められていたが、2007年10月の郵政民営化により、他の金融機関にも拡大された。新窓販国債は、２年、５年、10年の３種類があり、いずれも固定金利である。毎月発行されるが、金利水準等を勘案し発行されない場合もある。なお、新型窓口販売方式による物価連動国債の取扱開始が2017年２月に予定されていたが、延期されている（2024年４月現在）。

■新窓販国債と個人向け国債の比較

	新窓販国債	個人向け国債
購入対象者	制限なし	個人に限定
償還期限	２年・５年・10年	３年・５年・10年
発行頻度	毎月（発行されない場合もある）	毎月
申込単位	額面５万円	額面１万円
発行価格	発行ごとに財務省が決定	額面100円につき100円
購入限度額	１申込み当たり３億円	上限なし
金利	固定金利	３・５年は固定金利・10年は変動金利
中途換金	いつでも市場価格で売却が可能（国の買取りによる中途換金制度はない）。	発行後１年経過後、国の買取りにより額面金額で中途換金可能（ただし一定の利子相当額が差し引かれる）。

2 地方債

地方債は、地方公共団体が発行する債券である。

（1）全国型市場公募地方債

一部の都道府県とすべての政令指定都市が発行している公募地方債である。

（2）共同発行市場公募地方債

複数の地方公共団体が共同して発行する公募地方債（償還期限10年）で、**毎月発**行されている。全団体が、発行額全額について**連帯債務**を負う。

（3）住民参加型市場公募地方債

市場公募地方債のひとつで、購入者を「債券を発行する地方公共団体内に居住する個人・法人」に限定している銘柄が多い（限定していない銘柄もある）。地方公共団体で開催されるイベントの招待券や施設利用券などの特典が付与されたものもある。

（4）銀行等引受地方債

地方公共団体の指定金融機関等から借入れまたは引受けの方法により発行される地方債である。

3 米国国債

米国債は、正式には米国財務省証券と呼ばれ、高い信用度と流動性がある。償還期間により呼称が異なり、償還期間が1年以下の割引証券はトレジャリービル（Treasury bills）、発行時の償還期限が2年以上10年以下の財務省利付証券はトレジャリーノート（Treasury notes）、償還期限10年超のものはトレジャリーボンド（Treasury bonds）という。

なお、利付国債のうち元本部分とクーポン部分を切り離して、それぞれ独立させて取引できるようにした債券をストリップス債という。割引債券の形態をとっている。

呼称	償還期間	債券の種類
トレジャリービル (Treasury Bills)	1年以下	割引債（ストリップス債）
トレジャリーノート (Treasury Notes)	2年、3年、5年、7年、10年	利付債
トレジャリーボンド (Treasury Bonds)	10年超	利付債

4 債券のリスク

■1 価格変動リスク（金利変動リスク）

（1）価格変動リスク

　価格変動リスクとは、市場金利に応じて債券価格が変動するリスクをいう。債券を満期まで持つ場合には、価格変動リスクはない。しかし、満期まで持たずに途中換金する場合には、市場価格（時価）で売却することになる。

　市場価格は、景気や政策等、様々な要因による金融情勢を反映した**市場金利の変化**に応じて変動する。債券価格は、**市場金利が高くなれば下落**し、**市場金利が低くなれば上昇**する。つまり、債券価格と債券の利回りは、反対の動きをとる。

　たとえば、表面利率４％の債券を保有している場合に市場金利が２％になったとする。この債券は有利な投資対象として人気が出て価格は上昇し、最終利回りが市場金利程度（２％）になる価格に落ちつくことになる。

> ・金利低下　⇒　債券価格の上昇＝債券の利回り低下
> ・金利上昇　⇒　債券価格の下落＝債券の利回り上昇

（2）デュレーション

　金利の変動による債券の価格変動リスクの指標となるのがデュレーションである。

　デュレーションには２つの意味があり、ひとつ目は金利変動に対する債券価格の変化の割合をいう。ふたつ目は投資資金の平均回収期間を意味している。

　他の条件を同じとすれば、次のことがいえる。

> ・残存期間が長い債券（長期債）ほど価格変動は大きく、短い債券（短期債）ほど価格変動は小さい。つまり、残存期間が長い債券は、金利変動の影響を受けやすい（＝デュレーションが長い）。
> ・低クーポン債ほど価格変動は大きく、高クーポン債ほど価格変動は小さい。つまり、表面利率（クーポン・レート）が低い債券は、金利変動の影響を受けやすい（＝デュレーションが長い）。

　デュレーションが長いということは、投資した資金を回収する期間が長いという意味である。そのため、デュレーションが長い債券（長期債、低クーポン債）ほど金利変動時における債券価格の変動は大きくなる。反対に、デュレーションが短い債券（短期債、高クーポン債）の債券価格の変動は小さくなる。金利変動時における債券価格の変化率は、「金利の変化率×デュレーション」で求める値にほぼ等しくなる。

　なお、利付債券と割引債券のデュレーションについての考え方は同じではなく、次のような特徴や相違点がある。

利付債券	利付債券に投資された資金は、クーポンと償還額というかたちで回収される。クーポンと償還額を1つにまとめて考えた債券の残存期間を、平均回収期間またはデュレーションという。したがって、償還前にクーポンを受け取れる利付債券のデュレーションは残存期間よりも短くなる。
割引債券	割引債券にはクーポンはなく、デュレーションは残存期間と等しくなる。

デュレーションは、債券のキャッシュフロー（利息と額面）の受取りまでの期間をそれぞれの現在価値をウェイトとして加重平均して算出する。

■デュレーションを求める式（年1回利払いの場合）

$$D = \frac{1年 \times \dfrac{C}{1+r} + 2年 \times \dfrac{C}{(1+r)^2} + \cdots\cdots + n年 \times \dfrac{C+100}{(1+r)^n}}{\dfrac{C}{1+r} + \dfrac{C}{(1+r)^2} + \cdots\cdots + \dfrac{C+100}{(1+r)^n}}$$

※　D = デュレーション、C = クーポン・レート、r = 複利最終利回り、
　　n = 残存年数

■計算例

① 残存期間3年、クーポン・レート4%、複利最終利回り3%の利付債券のデュレーションは何年か。

【解　答】

$$\frac{1 \times \dfrac{4}{1+0.03} + 2 \times \dfrac{4}{(1+0.03)^2} + 3 \times \dfrac{4+100}{(1+0.03)^3}}{\dfrac{4}{1+0.03} + \dfrac{4}{(1+0.03)^2} + \dfrac{4+100}{(1+0.03)^3}} \fallingdotseq 2.89年$$

	1年目末	2年目末	3年目末	合計
毎年の受取額	4 (100円×0.04)	4 (100円×0.04)	104 (100円＋4円)	
現在価値（A）	$\dfrac{4}{1.03} =$ 3.883…	$\dfrac{4}{1.03^2} =$ 3.770…	$\dfrac{104}{1.03^3} =$ 95.174…	102.83
入金時点（B）	1	2	3	
A×B	3.88	7.54	285.52	296.94

デュレーション $= \dfrac{A \times Bの合計}{債券価格（Aの合計）} = \dfrac{296.94}{102.83} = 2.887\cdots \fallingdotseq 2.89年$

② 残存期間３年、複利最終利回り３％の割引債券のデュレーションは何年か。

【解 答】

$$\frac{3 \times \dfrac{100}{(1 + 0.03)^3}}{\dfrac{100}{(1 + 0.03)^3}} = 3\ 年\ （残存期間に等しい）$$

修正デュレーションは、金利の変化に対する債券価格の感応度をより的確に表す。修正デュレーションが大きいほど、金利の変化に対する債券価格の変動が大きくなる。

❷ 信用リスク

信用リスクとは、元本や利息の支払いが滞ったり支払い不能になったりするリスクのことでデフォルトリスクともいう。

一般の投資家にとって、信用リスクを判断することは容易ではない。そこで、簡単な目安として格付を参考にすることができる。これは、債券ごとに、元本や利息の支払いに対する確実性などについて専門的な第三者機関が評価して、その度合を簡単な記号（AAA「トリプルＡ」、Ｂ「シングルＢ」など）で表したものである。同じ債券でも格付機関の間で判断が異なり、格付に差が生じることもある。

また、企業の経営状態の変化（信用力の変化）によって格付が変更されることもある。一般に、信用リスクが高く格付の低い債券ほど利回りは高くなり、反対に、信用リスクが低く格付の高い債券ほど利回りは低くなる。

BBB以上の格付の債券を、「投資適格債」といい、BB以下の債券は「投資不適格債（投機的格付債）」または「ジャンク債」「ハイ・イールド債」という。

■一般的な債券格付の定義と記号

格付	元利金支払いの確実性
AAA	もっとも確実性が高い
AA	AAAに次ぎ確実性が高い
A	総合的には確実性が高いが、将来低下する可能性もある
BBB	現在充分な確実性があるが、環境変化の影響を受けやすい
BB	将来の確実性は不安定
B	確実性に問題がある
CCC～C	債務不履行の懸念がある、あるいは実際に生じている、などの場合

3 途中償還リスク

償還期限より前に償還が行われることを「途中償還」という。途中償還された債券は、その後の利息の支払いを受けられず、当初に予定していた運用期間や運用利回りによる運用ができなくなる。このようなリスクが途中償還リスクである。

4 流動性リスク

途中売却する場合に、市場での取引量があまりないために値崩れする可能性があることを流動性リスクという。

5 為替変動リスク

外国通貨で利息や償還金が支払われる債券では、為替の変動によって、円に換算した受取額が変わる。購入時に比べて為替相場が**円安**になった場合は円での受取額が増え、逆に**円高**になった場合は受取額が減る。

6 カントリーリスク

外国債券に投資する場合に、投資した国の政治・経済・社会情勢などによる影響に関するリスクである。評価機関が国別に支払能力などを調査して発表している。

一般的に、先進国のカントリーリスクは低いが、新興国のカントリーリスクは高くなる。したがって、カントリーリスクの高い国で発行される債券の利回りは、カントリーリスクの低い国で発行される債券よりも高くなる。

5 債券の利回り計算

1 利付債券の利回り

投資元本に対して1年当たりいくらの収益を得られるかという割合が利回り（%）である。債券の利回りは、クーポンと償還差損益（または売却損益）を考慮して計算される（直接利回りを除く）。

（1）直接利回り

クーポンのみが投資金額に対してどのくらいになるかを示す。

$$直接利回り（\%） = \frac{クーポン}{買付価格} \times 100$$

■計算例

表面利率3%、償還期限5年の新発債を102円で購入した場合の直接利回りはいくらか（小数点以下第3位四捨五入）。

【解　答】

$$\frac{3}{102} \times 100 ≒ 2.94\%$$

債券の利回りは購入時期や償還あるいは売却時期によって名称が異なる。

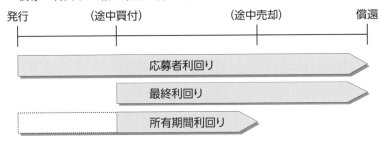

（2）応募者利回り（単利）

新規発行された債券（新発債）を購入し、償還期限まで所有する場合の利回り。

$$応募者利回り（\%） = \frac{クーポン + \dfrac{額面（100）- 発行価格}{償還期限（年）}}{発行価格} \times 100$$

■計算例

　表面利率２％、償還期限10年の新発債を発行価格99円で購入した。応募者利回りはいくらか（小数点第３位四捨五入）。

【解　答】

$$\frac{2 + \dfrac{100 - 99}{10}}{99} \times 100 \fallingdotseq 2.12\%$$

（3）最終利回り（単利）

既発行の債券（既発債）を購入し、償還期限まで所有する場合の利回り。

$$最終利回り（\%） = \frac{クーポン + \dfrac{額面（100） - 買付価格}{残存期間（年）}}{買付価格} \times 100$$

■計算例

　表面利率３％、残存期間６年の既発債を101円で購入した。最終利回りはいくらか（小数点以下第３位四捨五入）。

【解　答】

$$\frac{3 + \dfrac{100 - 101}{6}}{101} \times 100 \fallingdotseq 2.81\%$$

■単価の計算

最終利回りがわかっている場合、債券価格（単価）を求めることができる。

$$利付債券の単価（円） = \frac{100 + 表面利率 \times 残存期間}{100 + 最終利回り \times 残存期間} \times 100$$

■計算例

> 表面利率3.7％、残存期間４年の既発債の最終利回りが0.85％であるとき、単価はいくらか（小数点以下第３位四捨五入）。
>
> 【解　答】
>
> $$\frac{100 + 3.7 \times 4}{100 + 0.85 \times 4} \times 100 = \frac{114.8}{103.4} \times 100 ≒ 111.03円$$

（4）所有期間利回り（単利）

新発債や既発債を、途中で売却する場合の利回り。

$$所有期間利回り(\%) = \frac{クーポン + \dfrac{売却価格 - 買付価格（または発行価格）}{所有期間（年）}}{買付価格（または発行価格）} \times 100$$

■計算例

> 表面利率２％、償還期限10年の新発債を発行価格99円で購入し、４年後に102円に値上がりしたため売却した。所有期間利回りはいくらか（小数点以下第３位四捨五入）。
>
> 【解　答】
>
> $$\frac{2 + \dfrac{102 - 99}{4}}{99} \times 100 ≒ 2.78\%$$

2 割引債券の利回り

（1）１年以内に償還される割引債券の利回り（単利）

残存期間１年以内の割引債券の利回りは単利で計算する。

$$利回り(\%) = \frac{額面（100） - 買付価格}{買付価格} \times \frac{365}{未経過日数} \times 100$$

（2）残存期間１年超の割引債券の利回り（複利）

残存期間１年超の割引債券の利回りは、年１回の複利方式で計算する（１年複利）。

$$利回り(\%) = \left(\sqrt[残存期間]{\frac{額面（100）}{買付価格}} - 1 \right) \times 100$$

■計算例

残存期間4年の割引債券を85円で買い付けた。1年複利の最終利回りはいくらか（小数点以下第3位四捨五入）。

【解　答】

$$85 \times (1 + 最終利回り)^4 = 100$$

$$\left(\sqrt[4]{\frac{100}{85}} - 1 \right) \times 100 ≒ 4.15\%$$

《電卓の使用法》

100 ÷ 85 = √ √ − 1 × 100 =

$\sqrt[4]{}$（4乗根：4乗すると√内の値になる）は、電卓で√を2回押すと√が外れる。√は2乗根（2乗すると√内の値になる）のことで、一般の電卓では、x乗根のxが2の倍数のときだけ√を外すことができる。

■単価の計算

複利利回りから債券価格（単価）を求めることができる。

$$割引債券の単価（円）= \frac{100}{(1 + 利回り)^{残存期間}}$$

■計算例

残存期間3年の割引債券の1年複利の最終利回りが0.55％であるとき、単価はいくらか（計算過程は小数点以下第5位四捨五入、解答は小数点以下第3位四捨五入）。

【解　答】

$$\frac{100}{(1 + 0.0055)^3} = \frac{100}{1.0166} ≒ 98.37円$$

3 イールドカーブ（利回り曲線）

イールドは利回りを意味する。横軸に債券の残存期間をとり、縦軸に各債券の利回りをとって、ある時点での満期の異なる債券の利回りと残存期間の関係をグラフ化した曲線をイールドカーブという。

残存期間が長い債券の利回りの方が残存期間の短い債券の利回りよりも高い場合を順イールド（右上がりの曲線）という。反対に残存期間の短い債券の利回りの方が残

存期間の長い債券の利回りよりも高い場合を逆イールドの状態（右下がりの曲線）という。

　イールドカーブは、一般に、順イールドの形をとるが、金利低下が予想されているような場合には、逆イールドになることがある。

　順イールドの状態にあるときに、時間の経過とともに利回りが低下するにしたがって債券価格が上昇し、キャピタルゲインが期待される効果を、ロールダウン効果（イールドカーブの斜面に沿って転がり落ちていく）という。

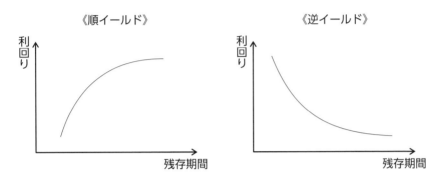

　なお、長短金利差が縮小してくるとイールドカーブはフラット化する（なだらかになる）。一方、長短金利差が拡大してくるとイールドカーブはスティープ化する（傾きが急になる）。

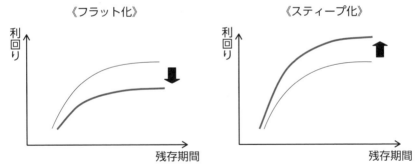

6 EB債（他社株転換可能債）・その他

1 EB債（他社株転換可能債）とは

　EB債（他社株転換可能債）とは、償還日までの対象株式の株価変動によって、償還日に社債の発行会社とは異なる別の会社の株式（他社株式）が交付される可能性がある社債をいう。投資家は償還方法を任意に選択することはできない。

　具体的には、対象株式の価格が一定価格を下回ると、償還金（金銭）は支払われず、社債の発行会社とは異なる別の会社の株式（他社株式）と端株売却金が支払われる。反対に、対象株式の価格が一定価格以上の場合は、償還金（**額面金額**）で償還される。なお、早期償還条項が付される場合もある。

■例　他社株転換可能債（EB債）の概要

対象株式	X株式会社
利率	年率5.00% （ただし、判定日の終値が基準価格未満のときは、年率0.10%）
利払日	毎年2月、5月、8月、11月の各26日
購入単位	額面100万円以上、100万円単位
ノックイン価格	960円（＝組成時の時価×60%）
基準価格	1,280円（＝組成時の時価×80%）
転換価格	1,600円（＝組成時の時価×100%）
トリガー価格	1,760円（＝組成時の時価×110%）
判定日	各利払日の10営業日前
償還日	発行日から2年後の応当日 （ただし、判定日の終値がトリガー価格以上のときは、直後の利払日に償還）

・X株式会社の株価の判定日の終値が1,280円未満のときは、その直後の利払日の利率が0.10%になる。

・X株式会社の株価の判定日の終値が1,760円以上のときは、その直後の利払日に償還される。

・X株式会社の株価が、満期償還日直前の判定日の終値で1,800円（トリガー価格1,760円以上）である場合、額面金額100万円につき100万円の償還金で償還される。

・X株式会社の株価が、満期償還日直前の判定日の終値が1,000円である場合、ノックイン価格および転換価格を下回っているため、転換価格により株式で償還される。株数は625株（額面100万円÷1,600円）である。

2 ノックイン条項・ノックアウト条項

ノックイン条項	償還日までに、対象株式の価格が一度でもノックイン価格以下になると株式で償還される。
ノックアウト条項	償還日までに、対象株式の価格が一度でもノックアウト価格以上になると額面金額で償還される。

3 リバースフローター債

　リバースフローター債は、仕組債の一種に、金利スワップを組み込むことで、クーポンが市場金利と逆方向に変動するように設計されている。市場金利が上昇すると、受け取る金利が減少する。

(1) 個人向け国債固定５年の利率は、基準金利から0.05％を差し引いた利率が適用されるが、0.10％の下限金利が設けられている。

(2) 個人向け国債変動10年は、原則として発行から２年間は中途換金の請求をすることはできない。

(3) 新窓販国債には、２年満期、５年満期、10年満期の３種類があり、いずれも５万円単位で購入することができる。

(4) 物価連動国債は、元金額が全国消費者物価指数に連動して増減し、償還額は償還時点での想定元金額となるが、償還時の想定元金額が額面金額を下回る場合は額面金額にて償還される。

(5) 他の条件が同じであれば、債券の残存期間が長いほど、デュレーションは長くなる。

(6) 利付債券のデュレーションは、残存期間と等しくなる。

(7) 一般に、格付けがBB以下の債券を、投資不適格債（投機的債券）という。

(8) 残存期間の短い債券の利回りより残存期間の長い債券の利回りが低い状態のとき、イールドカーブは順イールドとなる。

(9) 長短金利差が縮小してくると、イールドカーブはフラット化する。

(10) ノックイン条項が付されたEB債（他社株転換可能債）は、償還日までにノックイン事由が発生した場合には、他社株式で償還される。

解答

(1) ×　　(2) ×　　(3) ○　　(4) ○　　(5) ○
(6) ×　　(7) ○　　(8) ×　　(9) ○　　(10) ○

第4章

株式投資

過去の出題状況	2022.5	2022.9	2023.1	2023.5	2023.9	2024.1
株式の仕組みと特徴		☆			☆	
信用取引		☆				
株式市場等の指標				☆		
株式の投資指標	☆	☆	☆	☆		☆

1. 株式の仕組みと特徴

東京証券取引所にはプライム市場、スタンダード市場、グロース市場がある。

株式ミニ投資や株式累積投資は単元株未満から少額で投資できる。

2. 信用取引

信用取引は、株式を購入するだけでなく、借りて売却することもできる。

信用取引を行ううえでは、委託保証金を差し入れる必要がある。

3. 株式市場等の指標

我が国の株式指標の代表としては、日経平均株価とTOPIXがある。

我が国および米国の株価指数の算出方法には、時価総額加重型の指数が多い。

4. 株式の投資指標

応用編の最頻出として、サスティナブル成長率とインタレスト・カバレッジ・レシオがある。

1 株式の仕組みと特徴

1 株式とは

株式とは、株式会社の株主の権利を表すものである。株式に投資することは、株式会社に資金を出資して株主となり、株主としての権利（株主権）を取得することを意味する。

2 株主権の主な内容

株主権の主な内容には、経営参加権、剰余金分配請求権、残余財産分配請求権がある。

経営参加権	株主総会に参加し各種議案の決議を行う、議案の提案を行う、などの権利をいう。議決権
剰余金分配請求権	出資額に応じて、企業が得た剰余金の分配を受ける権利。具体的には、配当を受ける権利
残余財産分配請求権	株式の発行会社が解散した場合、出資額に応じて、残った財産の分配を受ける権利

3 証券取引所（金融商品取引所）

株式を取引する国内の証券取引所は4カ所（東京、名古屋、札幌、福岡）ある。証券取引所では上場制度がとられており、株式会社の上場申請に基づいて、各取引所が審査を行う。複数の証券取引所に重複上場も可能である。

■証券取引所

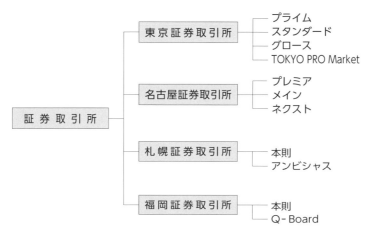

■東京証券取引所の市場区分

東京証券取引所では、「プライム市場」、「スタンダード市場」、「グロース市場」の3市場があり、最上位市場となるプライム市場は、新規上場基準や上場維持基準が最も厳しい。

	プライム市場	スタンダード市場	グロース市場
概要	グローバルな投資家との建設的な対話を中心に据えた企業向けの市場	公開された市場における投資対象として十分な流動性とガバナンス水準を備えた企業向けの市場	高い成長可能性を有する企業向けの市場
流通株式数	2万単位以上	2,000単位以上	1,000単位以上
流通株式時価総額	100億円以上	10億円以上	5億円以上

■東京証券取引所の最低投資額

東京証券取引所は、上場株式の行動規範を2023年10月に改定し、上場株式の望ましい最低投資額として、従来の「5万円以上50万円未満」のうち下限の5万円以上を撤廃して「50万円未満」とした。

■東京証券取引所の取引時間

東京証券取引所は、売買立会時のうち、午後立会を2024年11月5日から従来の15時までを15時30分までに延長する。

	従来	変更後
午前立会い	9時から11時30分まで	
午後立会い	12時30分から15時まで	12時30分から15時30分まで

4 株式取引の仕組み

（1）単元株制度

全国の証券取引所では、上場株式の売買単位が、2018年10月1日に100株単位に統一された。なお、議決権は単元株ごとに与えられ、1単元について1個の議決権を有する。単元未満株には議決権はない。

（2）成行注文と指値注文

成行注文	銘柄と株数だけを指定して値段を指定せずに注文する方法。タイミングを逃さずに売買できるが、意図する値段と異なる値段で売買されることがある。 （例）A社株式をいくらでもいいから1,000株買いたい。
指値注文	値段を指定して注文する方法。指定した値段より不利な値段で売買されることはないが、成行注文に比べて売買が成立する可能性は低くなる。 （例）A社株式を1株500円（以下）で1,000株買いたい。

(3) 3つの原則

証券取引所では、上場株式について、成行注文優先・価格優先・時間優先の原則に従って取引を成立させている。まず、成行注文優先の原則を適用し、指値注文同士が競合した場合には、価格優先の原則と時間優先の原則が適用される。

成行注文優先の原則	指値注文よりも成行注文を優先させる。
価格優先の原則	売り注文は最も低い価格（売呼値）の注文を、買い注文は最も高い価格（買呼値）の注文を優先させる。
時間優先の原則	同一値段の注文は時間的に早い注文を優先させる。

(4) 値幅制限

急激な株価の変動を抑えるため、1日の取引における株価の変動幅（値幅）を制限している。制限値幅いっぱいまで株価が上昇した状態を「ストップ高」、制限値幅いっぱいまで下落した状態を「ストップ安」という。

(5) 決済日（受渡日）

普通取引では、約定日を含めて3営業日目が決済日となる。

（例）月曜日に売買が成立した場合

（例）木曜日に売買が成立した場合

権利付き最終日（株主の権利を得ることができる最終売買日）は、権利確定日の2営業日前となる（権利確定日を含めない）。例えば、20××年3月31日（水）が権利確定日の場合、権利付き最終日は20××年3月29日（月）となる。

(6) 売買成立方法

証券取引所の売買成立方法のうち、相場が始まるときの始値を決める際に使われるものを板寄せ方式という。また、相場の取引時間中に気配値をもとにその都度取引を成立させるものをザラバ方式という。

例えば、＜図1＞のように、甲株の約定値段（板中心値段）が100円で、❶から❸の順に指値の売り注文が発注されたとする。その後、＜図2＞のように103円の指値の買い注文300株が発注されると、価格優先の原則により、最初に最も低い価格の100

円の売り注文と約定し（ⓐ）、買い注文の残数量は200株となる。この買い注文は、次に低い価格の102円の売り注文と約定する（ⓑ）。＜図3＞のように、買い注文の残数量が100株となるが、これは板にある最も安い値段の売り注文である104円よりも安い値段であるため約定せず、103円の買い注文100株が板に残ることになる（ⓒ）。

＜図1＞甲株

売数量	値段（気配値）	買数量
❷100株	104円	
❶100株	102円	
❸100株	100円	

＜図2＞

売数量	値段（気配値）	買数量
❷100株	104円	
	103円	300株
❶100株	102円	
❸100株	100円	

＜図3＞

売数量	値段（気配値）	買数量
❷100株	104円	
	103円	ⓒ100株
❶100株	102円	ⓑ100株
❸100株	100円	ⓐ100株

---

5 株式ミニ投資

　単元株の10分の1単位で株式の売買が行える制度。10株単位で売買できる。
　購入した株式の累積株数が単元株数に達した場合、その株式は通常の株式管理口座に移される。

売買単位	単元株の10分の1単位の整数倍。10分の9まで
対象銘柄	各証券会社の選定した銘柄から選択
買付	指値、成行の指示は出せない。通常、注文日の翌営業日が約定日となるため、注文日を含めて4営業日目が受渡日になる。
売付	単元未満株のままいつでも可能。申込みの翌営業日の売却となる。
株主の権利	・単元株に達するまで名義人は取扱証券会社となるが、配当金・株式分割は、株式の持分に応じて配分される。 ・単元株に達するまでは議決権は認められない。
約定価格	約定日におけるあらかじめ定められた取引所の市場価格に基づき決定され、当該取引所の一定時における最良気配の範囲内の価格または売買高加重平均価格

6 株式累積投資（るいとう）

特定の銘柄を、毎月、一定金額ずつ積み立てて買い付ける制度である。ドルコスト平均法の効果を得ることができる。購入した株式の累積株数が単元株数に達した場合、その株式は通常の株式管理口座に移される。

積立金額	1銘柄につき1回1万円以上100万円未満（1,000円単位） 毎月同一銘柄を購入
対象銘柄	各証券会社の選定した銘柄から選択※
積立期間	無期限
売付	単元未満株のままいつでも可能
株主の権利	・単元株に達するまで名義人は取扱証券会社となるが、配当金・株式分割は、株式の持分に応じて配分される。 ・配当金は、自動的に翌月の買付け代金に充当されるため現金で受け取ることはできない。 ・単元株に達するまでは議決権は認められない。
約定価格	約定日におけるあらかじめ定められた取引所の市場価格に基づき決定され、当該取引所の一定時における最良気配の範囲内の価格または売買高加重平均価格

※　上場投資信託（ETF、J-REIT）も対象となる。

2 信用取引

1 信用取引の仕組み

信用取引とは、顧客が証券会社から資金や売却に必要な株式を借りて行う取引をいう。借りた資金や株式は、原則として一定期間内に証券会社に戻す必要がある。

また、信用取引では、現金や株式等を担保として差し出すことで、その担保の約3.3倍までのレバレッジをかけた取引が可能であり、ハイリスク・ハイリターンの取引である。

そのため、信用取引を利用できる顧客には基準が設けられ、信用取引口座の開設が必要となる。

また、信用取引の決済に必要な金銭や株式を証券会社に貸し付ける（貸借取引）業務を行っているのが、証券金融会社である。

■信用取引のイメージ

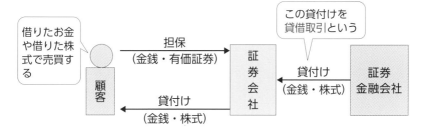

（1）信用買い：証券会社から資金を借りて株式を買う（買い建玉）

現引き：代金を支払って現物（株式）を引き取る買い建玉を解消せず、信用取引を完了できる
　　　　株を売却しないため、今後株価が上がると利益を得られる
　　　　現物株なので信用取引を使っていたときの費用もかからない
反対売買：株式を売却して建玉を解消する

（2）信用売り：証券会社から株式を借りてその株式を売る（売り建玉）

現渡し（品渡し）：空売りをした銘柄と同じ銘柄の現物株を持っている場合に使える方法で、
　　　　　　　　　現物株を差し出すことで返済する方法
　　　　　　　　　今後も下げ止まらないとき利益
反対売買（買戻し）：株式を買い戻して建玉を解消する

■反対売買による差金決済のイメージ

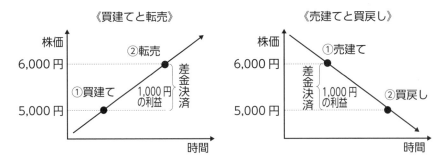

《買建てと転売》

株価

②転売

6,000円 ························ ●
                              差金決済
①買建て   1,000円
            の利益
5,000円 ····· ●

          時間

《売建てと買戻し》

株価

①売建て

6,000円 ········· ●
     差金決済
           1,000円
           の利益   ②買戻し
5,000円 ··········· ●

          時間

2 信用取引の種類

信用取引の種類には、制度信用取引と一般信用取引の2種類がある。

	制度信用取引	一般信用取引
内容	品貸料、返済期限等が、取引所の規則で一律に決められている	返済期限等を、顧客と証券会社との間で自由に決めることができる
貸借取引	利用できる	利用できない
対象銘柄	国内上場株式のうち、取引所が選定した制度信用銘柄	一部を除く国内上場株式（証券会社により銘柄は異なる）
返済期限（弁済期限）	最長6カ月	顧客と証券会社との間で自由に決められる。無期限※も可能

※ 無期限であっても、合併や株式分割等が発生したり、株式の調達が困難となった場合等に返済期限が設定されることがある。

（1）貸借取引

証券金融会社が、証券会社に対して、制度信用取引に必要な資金や株券を貸し付ける取引である。一般信用取引では利用できない。

（2）制度信用銘柄・貸借銘柄

「制度信用銘柄」とは、国内上場銘柄のうち制度信用取引が可能な銘柄で、取引所が選定する。「制度信用銘柄」のうち貸借取引ができる銘柄を「貸借銘柄」といい、取引所が選定する。

3 信用の供与（貸付け）

顧客の申込みに対して、実際に証券会社から資金または株券の貸付け（信用の供与）が行われるのは、約定日から起算して3営業日目である。

4 信用取引のコスト

　顧客が信用取引を行う場合は、金利や信用取引貸株料を授受することになる。

　また、貸借銘柄について、証券金融会社において株不足が生じ、この株券を外部から調達するために費用がかかった場合には、品貸料（逆日歩）を授受することになる。なお、貸借取引を行うことができるのは制度信用取引に限定されているため、一般信用取引では品貸料（逆日歩）は発生しない。

金利	① 買い方金利 　買い方は、買付代金の融資に対する金利を、証券会社に支払う。 ② 売り方金利 　売り方は、売却代金に対する金利を、証券会社より受け取る。 （注）　利率は、制度信用取引の場合も、証券会社が定める。
信用取引貸株料	信用取引貸株料は、株式の借入れに伴う費用として売り方が証券会社に支払う。
品貸料（逆日歩）	品貸料（逆日歩）は、売り方が支払い、買い方が受け取る。

5 委託保証金

（1）委託保証金

　信用取引による買付けまたは売付けが成立した場合には、約定価格の30％以上の委託保証金を証券会社へ差し入れる。この率を委託保証金率という。ただし、最低30万円と定められている。委託保証金は、現金が原則となるが、上場株式や国債など有価証券をもって代用することができる。これを代用有価証券という。委託保証金の全額を有価証券で代用することも可能である。

　なお、代用有価証券は時価の100％で評価されるのではなく、一定の代用掛目（現金換算率）を乗じた価格で評価される。

（2）委託保証金の計算

必要委託保証金 ＝ 約定代金 × 委託保証金率

■計算例

① 時価600円の上場銘柄Ａ社株式20,000株を制度信用取引で新たに買い建てた。必要となる委託保証金額はいくらか。委託保証金率は30％とする。

【解　答】

・約定代金＝Ａ社株式時価（600円）×約定株数（20,000株）＝ 1,200万円
・必要委託保証金＝約定代金（1,200万円）×委託保証金率（30％）＝ 360万円

② 上記①で、委託保証金額のすべてを代用有価証券（上場株式）とした場合、必要となる株式の価格はいくらか。上場株式の現金換算率（代用掛目）は80

％とする。

【解　答】

・必要株式の価格＝必要委託保証金(360万円)÷現金換算率(80％)＝ 450万円

（3）追加保証金（追証）

建玉の株価の変動、代用有価証券の下落、代用有価証券の代用掛目の変更によって、追加して委託保証金を差し入れる必要が生じる。これを追加保証金（追証）という。顧客が、一定の期日までに追加保証金を差し入れない場合、証券会社は、反対売買等の処理を行うことができる。

6 米国株式信用取引

国内において、2022年7月に米国株式信用取引が解禁された。対象銘柄は、米国の証券取引所に上場する株式のうち、一定の条件を満たした銘柄のうち証券会社が選定する銘柄である。委託保証金率は50％であり、約2倍の取引ができる。信用取引の種類は一般信用取引となる。

3 株式市場等の指標

◢◣ 日本の株式市場等の指標

（1）日経平均株価（日経225）

　東京証券取引所プライム市場に上場されている銘柄のうち代表的な225銘柄の株価を平均し、かつ連続性を失わせないよう銘柄の入れ替えや株式分割の権利落ちなどを修正した修正平均株価である。具体的には、構成銘柄の株価を株価換算係数で調整した合計金額を除数で割って算出する。1949年以来、継続的にデータが発表されている。なお、株価の高い銘柄、いわゆる値がさ株の株価の値動きに影響されやすい。

（2）東証株価指数（TOPIX）

　旧東京証券取引所第一部上場（2022年4月1日現在）の全銘柄（プライム市場の全銘柄、スタンダード市場の一部銘柄）を対象としている。株価に株式数（浮動株数）を乗じて合計した数値を指数化して算出する時価総額加重型（浮動株調整後）の指数である。浮動株とは、株式市場に流通する可能性のある株式のことをいう。1968年の時価総額を100として算出される。なお、時価総額の大きい銘柄、いわゆる大型株の株価の値動きに影響されやすい。

　キャップ調整に係るウエイト基準日における浮動株時価総額ウエイトが上限を超える銘柄については、ウエイトを調整するためのキャップ調整係数を設定する。キャップ調整係数は、ウエイト（構成比率）が一定の水準（キャップ水準）を超えた銘柄を一時的に引き下げるために設定される。特定の銘柄のウエイトが高くなりすぎないよう配慮している。

■東京証券取引所の市場再編に伴う見直し

　東証株価指数（TOPIX）は、流通株式時価総額100億円未満の銘柄については「段階的ウエイト低減銘柄」とし、2022年10月以降、四半期ごとに10段階で構成比率を徐々に引き下げ、2025年1月には完全に除外する予定である。

　なお、プライム市場に新規上場した銘柄・市場区分を変更した銘柄は、追加される。

（3）JPX日経インデックス400

　東京証券取引所上場銘柄（プライム市場、スタンダード市場、グロース市場）のうち、基準（売買代金、時価総額、ROE、営業利益、定性的要素）などをもとに選定された400銘柄を対象とした時価総額加重型（浮動株調整後）の指数。2013年8月30日の時価総額を10,000として、2014年1月6日より算出されている。毎年8月に銘柄の定期入替えを実施する。

（4）JPXプライム150指数

　2023年7月3日から算出・配信している。コンセプトは「価値創造が推定される我が国を代表する企業で構成される指数」である。東京証券取引所プライム市場上場銘柄のうち時価総額上位銘柄より、エクイティスプレッド基準とPBR基準を用いて選定された150銘柄を対象とした時価総額加重型（浮動株調整後）の指数である。

（5）東証REIT指数

　東京証券取引所に上場しているREIT全銘柄を対象とする時価総額加重型の指数である。2003年3月末の時価総額を1000として指数化されている。

（6）東証グロース市場250指数

　2023年11月6日に東証マザーズ指数は、東証グロース市場250指数へ変更された。
　東証グロース市場250指数は、日経平均株価やTOPIXと比較して変動率が高い傾向にある。

② 外国の株式市場等の指標

（1）米国

①　株価指数

指　標	概　要	算出方法
ダウ平均	ダウ工業株30種平均。ダウ・ジョーンズ社が公表する、ニューヨーク証券取引所とNASDAQ市場の代表的な30銘柄を対象とする修正平均株価	株価平均型（修正平均型）
ナスダック総合指数	NASDAQ市場の全銘柄を対象とした時価総額加重型の指数。ハイテク株・インターネット関連株の多くがNASDAQ市場で取引されているため、これらの銘柄の株価動向に影響されやすい。	時価総額加重型
S&P500種株価指数	S&P社が公表する、ニューヨーク証券取引所とNASDAQ市場の主要な約500銘柄を対象とする時価総額加重型の指数	時価総額加重型

②　その他の指数

指　標	概　要
バフェット指数	株価の割安・割高を判断する指数。株式市場の時価総額を名目GDPで除して算出し、100％を上回ると株価は割高の状態とされる。
VIX指数（恐怖指数）	株式市場に対する投資家心理を表す指数。S&P500種株価指数を対象とするオプションのボラティリティを基に算出される。この数値が高まると、投資家が将来の先行きに対して不安を持っている状態であるとされる。

（2）欧州

指　　標	概　　要	算出方法
FTSE100指数 （イギリス）	ロンドン証券取引所上場銘柄のうち時価総額上位100銘柄で構成される時価総額加重型の指数	時価総額 加重型
DAX指数 （ドイツ）	フランクフルト証券取引所上場銘柄のうち、ドイツ企業の主要40銘柄を対象とした時価総額加重型の指数	時価総額 加重型
CAC40指数 （フランス）	ユーロネクスト・パリに上場している銘柄のうち、時価総額が上位で出来高の大きい40銘柄を対象とする時価総額加重型の指数	時価総額 加重型

4 株式の投資指標

■1 PER（株価収益率）

PERは、株価を1株当たり純利益で除して算出する。一般に、PERが高いとその会社の利益水準に比べて株価が割高、低ければ割安と判断する。PERの逆数を**株式益利回り**という。

1株当たり利益をEPSという。

また、イールド・スプレッドは、長期債の利回りと株式益利回りの差をいう。長期債の利回りから見て株価の割高割安を判断する指標である。例えば、イールド・スプレッドが拡大している場合、株価は割高と判断される。

$$PER（倍）= \frac{株価}{1株当たり純利益（EPS）}$$

$$株式益利回り（\%）= \frac{1}{PER} = \frac{1株当たり純利益}{株価} \times 100$$

$$イールド・スプレッド = 長期債利回り - 株式益利回り$$

■2 PBR（株価純資産倍率）

PBRは、株価を1株当たり純資産で除して算出する。一般に、PBRが高いと資産価値に比べて株価が割高、低ければ割安といわれる。

1株当たり純資産をBPSという。

$$PBR（倍）= \frac{株価}{1株当たり純資産（BPS）}$$

なお、後述のROE（自己資本当期純利益率）との関係から、PBRは、ROEとPERを掛け合わせて算出できる。

$$PBR = ROE \times PER$$
$$\left(\frac{株価}{BPS}\right) \quad \left(\frac{EPS}{BPS}\right) \quad \left(\frac{株価}{EPS}\right)$$

■3 配当利回りと配当性向

（1）配当利回り

配当利回りは、株価に対する配当金の割合を示したものである。

$$配当利回り（\%）= \frac{1株当たり配当金}{株価} \times 100$$

（2）配当性向

配当性向は、利益に対する配当金の割合を表している。内部留保率とは表裏の関係にある。たとえば、配当性向が30％の場合、内部留保率は70％となる。

$$配当性向（\%）= \frac{配当金総額}{当期純利益} \times 100$$

$$内部留保率（\%）= 1 - 配当性向$$

◢ 資本利益率（ROAとROE）

資本利益率は、企業の経営効率や資本効率を図る指標であり、代表的なものにROA（使用総資本事業利益率）とROE（自己資本当期純利益率）がある。

（1）ROA（使用総資本事業利益率）

ROAは負債と純資産の両方を使った企業全体の経営効率を表わしている。

$$ROA（使用総資本事業利益率）（\%）= \frac{事業利益}{使用総資本（総資産）} \times 100$$

事業利益 ＝ 営業利益 ＋ 受取利息および受取配当 ＋ 有価証券利息
（注）持分法による投資利益※は、事業利益に含まれる。
　※　持分法による投資利益とは、持分法適用会社（非連結子会社・関連会社）の利益のうち投資会社（親会社）が保有している持分割合の利益のこと。

なお、分子の利益は、事業利益以外に、当期純利益や経常利益とする場合もある。ROAは、決算短信（上場会社が公表する決算の速報）では、総資産経常利益率と表示されている。ROAは、以下のように、売上高事業利益率と総資本（資産）回転率に2指標分解することで、要因分析を行うことができる。

$$ROA（2指標分解）= 売上高事業利益率 \times 総資本回転率$$

$$\left[\frac{事業利益}{売上高}\right] \qquad \left[\frac{売上高}{総資本（総資産）}\right]$$

（注）　総資産経常利益率の2指標分解は、「売上高経常利益率×総資本回転率」となる。

総資本回転率（使用総資本回転率）とは、総資本がどれだけ効率的に売上高を生み出したか、という資産運用の効率を示す。1年間に総資本が何回転しているかを表している。

■計算例

以下の場合、使用総資本事業利益率はいくらか。

売上高事業利益率	総資本回転率
7.50%	1.20回

【解　答】

使用総資本事業利益率＝7.50%×1.20回＝9%

(2) ROE（自己資本当期純利益率）

ROEは株主の投資効率を図る指標である。なお、ROEは、有価証券報告書等では自己資本利益率と表示され、決算短信では自己資本当期純利益率と表示される。

$$ROE（自己資本当期純利益率）(\%) = \frac{当期純利益}{自己資本} \times 100 = \frac{EPS}{BPS} \times 100$$

$$自己資本 = 純資産 - 新株予約権 - 非支配株主持分$$
$$= 株主資本 + その他の包括利益累計額$$

なお、自己資本は、有価証券報告書等では期末自己資本を用い、決算短信では期首と期末の平均値を用いて算出する。

■連結貸借対照表の自己資本

ROEは、次のように、**売上高純利益率**、**総資本（資産）回転率**、**財務レバレッジ（自己資本比率の逆数）**に3指標に分解することで、要因分析を行うことができる。3つに分けることによって、ROEが低い理由など、どこに問題があるのかを把握できる。

■ROE（3指標分解）

$$ROE = 売上高純利益率 \times 総資本（資産）回転率 \times 財務レバレッジ$$

$$\left[\frac{当期純利益}{売上高}\right] \quad \left[\frac{売上高}{総資本（総資産）}\right] \quad \left[\frac{総資本（総資産）}{自己資本}\right]$$

$$= 売上高純利益率 \times 総資本（資産）回転率 \times \frac{1}{自己資本比率}$$

$$自己資本比率（\%）= \frac{自己資本（期末値）}{総資本} \times 100$$

　自己資本比率は、財務的な安定性を測る指標であり、数値が大きいほど財務安定性に優れていると判断される。

■計算例

以下の場合、ROEはいくらか。

売上高純利益率	総資本回転率	自己資本比率
4.00%	1.20回	60%

【解　答】

$$ROE = 4.00\% \times 1.20回 \times \frac{1}{60\%} = 8\%$$

5 サスティナブル成長率

　サスティナブル成長率とは、企業の内部留保を事業に再投資した場合に期待される持続的な理論上の成長率のことである。

$$サスティナブル成長率（\%）= ROE \times 内部留保率$$
$$= ROE \times （1 - 配当性向）$$

6 インタレスト・カバレッジ・レシオ

　安全性を測る指標の1つで、金融費用の支払原資が事業利益でどの程度まかなわれているか示す。数値が大きいほど安全性が優れていると判断される。

$$インタレスト・カバレッジ・レシオ（倍）= \frac{事業利益}{金融費用}$$

事業利益 ＝ 営業利益 ＋ 受取利息および受取配当 ＋ 有価証券利息
（注）持分法による投資利益は、事業利益に含まれる。

金融費用 ＝ 支払利息および割引料 ＋ 社債利息

７ 売上高利益率

売上高利益率は、売上高に占める各種利益の割合である。

$$売上高総利益率（\%）＝ \frac{売上総利益}{売上高} \times 100$$

$$売上高営業利益率（\%）＝ \frac{営業利益}{売上高} \times 100$$

$$売上高経常利益率（\%）＝ \frac{経常利益}{売上高} \times 100$$

$$売上高当期純利益率（\%）＝ \frac{当期純利益}{売上高} \times 100$$

$$売上高事業利益率（\%）＝ \frac{事業利益}{売上高} \times 100$$

８ 損益分岐点分析

損益分岐点とは、売上高と費用が等しく、損益がゼロとなるときの売上高である。損益分岐点分析を行う際には、費用を固定費（売上高に関係なく発生する費用）と変動費（売上高に比例して発生する費用）に区分する。売上高から変動費を差し引いたものを限界利益という。

売上高に対する限界利益の割合を限界利益率という。

損益分岐点売上高は利益がゼロ（損失も利益もない）である売上高を指し、最低限の売上目標である。

また、売上高に対する損益分岐点売上高を損益分岐点比率という。

$$限界利益＝売上高－変動費$$

$$限界利益率（\%）＝ \frac{限界利益}{売上高} \times 100 ＝ \left(1 - \frac{変動費}{売上高} \right) \times 100$$

$$損益分岐点売上高 ＝ \frac{固定費}{限界利益率} ＝ \frac{固定費}{1 - \dfrac{変動費}{売上高}}$$

$$損益分岐点比率（\%）＝ \frac{損益分岐点売上高}{売上高} \times 100$$

■計算例

以下の場合、損益分岐点比率はいくらか。

売上高	変動費	固定費
100億円	30億円	35億円

【解　答】

限界利益 ＝ 100億円 － 30億円 ＝ 70億円

$$限界利益率 ＝ \frac{70億円}{100億円} \times 100 ＝ 70\%$$

$$損益分岐点売上高 ＝ \frac{35億円}{70\%} ＝ 50億円$$

$$損益分岐点比率 ＝ \frac{50億円}{100億円} \times 100 ＝ 50\%$$

9 株式の内在価値（理論株価）

　株式の価値は、将来支払われる配当の現在価値の合計であるとの考え方を、配当割引モデルという。

（1）配当割引モデル

　配当割引モデルは企業が発行している株式の適正な簿価を算出するための方法のひとつをいう。将来にわたって予想される配当金を、投資家が要求する利回り（期待利子率）で割り引いて算出した現在価値を合計する。

　配当割引モデルには、定額モデルと定率成長モデルの2つがある。定額モデルは配当金が今後も一定で変わらない前提で算出する。

　一方、定率成長モデルは、毎年一定の割合で配当金が成長する前提で算出する。具体的には、投資家が要求する利回り（期待利子率）から期待成長率を指し引いた値で、配当金を割り引く。

$$定　額：株式の内在価値 ＝ \frac{1株当たり予想配当}{期待利子率}$$

$$定率成長：株式の内在価値 ＝ \frac{1株当たり予想配当}{期待利子率 － 期待成長率}$$

（ただし、期待利子率 ＞ 期待成長率）

■計算例

① 1株当たり予想配当＝2円、株主の期待利子率＝10％とした場合、配当割引モデル（定額）における株式の内在価値はいくらか。

【解　答】

$$内在価値 = \frac{2円}{0.1} = 20円$$

② 1株当たり予想配当＝2円、株主の期待利子率＝10％、期待成長率＝6％とした場合、配当割引モデル（定率成長）における株式の内在価値はいくらか。

【解　答】

$$内在価値 = \frac{2円}{0.1 - 0.06} = 50円$$

10 貸借対照表を使った安全性分析

貸借対照表は企業の財政状態の良し悪しを分析できる。この分析では、資金余力があるかどうかという観点から企業の安全性を調べる。

（1）流動比率

流動比率は、流動負債に対する流動資産の割合を見ることで資金余力を見極める。流動資産とは、1年以内に現金化できる資産で、現金預金、売掛金、受取手形、棚卸資産等を指す。

（2）当座比率

当座比率は、流動比率より厳しく資金繰りの余力を見る。分子に使う当座資産は流動資産のうち、より換金性の高い資産を用いて算出する。棚卸資産は在庫等を指すが、もしかしたら、売れ残りで販売できない可能性もある。そこで、当座資産では、流動資産から棚卸資産を除外する。

（3）固定比率

固定比率は自己資本に対する固定資産の割合を算出する。企業が保有する固定資産がどのような資金で購入されているかを確認する。

（4）固定長期適合率

固定比率では、自己資本と固定資産の割合だけを見たが、固定長期適合率では、自己資本に固定負債を加えた金額で、固定資産とのバランスを分析する。

（5）自己資本比率

自己資本比率は、総資本のうち純資産（新株予約権を除く）の占める割合をいう。自己資本比率が高い場合は、総資本中の返済しなければならない負債でまかなわれている部分が少なく、健全性が高いといえる。

なお、貸借対照表の右と左を比べる場合は、右が分母、左が分子となる（除く、自己資本比率）。

$$流動比率（\%）= \frac{流動資産}{流動負債} \times 100$$

$$当座比率（\%）= \frac{当座資産}{流動負債} \times 100$$

$$固定比率（\%）= \frac{固定資産}{自己資本} \times 100$$

$$固定長期適合率（\%）= \frac{固定資産}{自己資本＋固定負債} \times 100$$

$$自己資本比率（\%）= \frac{自己資本}{総資本} \times 100$$

■計算例

以下の場合、①流動比率、②当座比率、③固定比率、④固定長期適合率、⑤自己資本比率はいくらか。

〈A社の貸借対照表〉　　　　　　　　　（単位：百万円）

流動資産　　　　60	流動負債　　　　60
［当座資産　　30］	
［その他　　　30］	固定負債　　　　30
固定資産　　　　90	自己資本　　　　60

【解　答】

① 流動比率 $= \dfrac{60}{60} \times 100 = 100\%$

② 当座比率 $= \dfrac{30}{60} \times 100 = 50\%$

③ 固定比率 $= \dfrac{90}{60} \times 100 = 150\%$

④ 固定長期適合率 $= \dfrac{90}{60＋30} \times 100 = 100\%$

⑤　自己資本比率 ＝ $\dfrac{60}{150} \times 100 = 40\%$

🔟 株価チャート

（1）ローソク足

　ローソク足とは、1日の取引期間中の株価の動き（始値、終値、高値、安値）を1本のローソクの形で表現したものである。ローソク足は下図のとおり、①陽線（始値よりも終値のほうが高い場合）と②陰線（始値よりも終値のほうが低い場合）に分類される。

①陽線（始値よりも終値のほうが高い場合）　　②陰線（始値よりも終値のほうが低い場合）

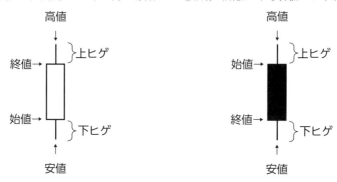

　上ヒゲとは、始値と終値で囲まれた長方形から上に伸びた線をいい、下に伸びた線を下ヒゲという。上ヒゲは上値で売り圧力が強まった際に現れ、陽線では高値から終値まで、陰線では高値から始値までの差が示される。

　下ヒゲは、下値で買い圧力が強まった際に現れ、陽線では始値から安値まで、陰線では終値から安値までの差が線で示される。

　たとえば、ある株式の始値が100円、1日で一番高い高値が110円であったものの、その後売り圧力が強まって105円で終値がついた場合、ローソク足は以下のとおりとなる。

　始値に比べて終値のほうが高いので陽線となる。

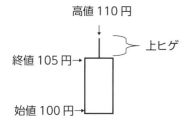

（2）移動平均線

株価チャートにおける単純移動平均線は、一定期間の株価の平均を算出し、それを結んでグラフ化したものである。

■例

たとえばA社の6日目売買立会終了時の5日単純移動平均による株価は、2日目から6日目までの5日間の終値の平均値である。

〈A社の株価の推移〉

	1日目	2日目	3日目	4日目	5日目	6日目
終値	338	343	351	344	347	350

$$\frac{343+351+344+347+350}{5}=347円$$

12 テクニカル分析手法

株式のテクニカル分析手法として、代表的なものには以下のものがある。

ゴールデンクロス	短期の移動平均線が長期の移動平均線を下から上に抜けて交差することをゴールデンクロスという。株価が上昇傾向にあると判断される
デッドクロス	短期の移動平均線が長期の移動平均線を上から下に抜けて交差することをデッドクロスという。株価が下落傾向にあると判断される
ボリンジャーバンド	移動平均線に標準偏差を加減して作成され、株価は約95％の確率で「移動平均線±2σ」の範囲内に収まるとされている
サイコロジカルライン	一定期間内において株価が前日比で上昇した日数の割合を示す。投資家心理を数値化した指標とされ、主に売買時期の判断に使用される
RSI (Relative Strength Index)	株式が買われすぎか売られすぎかを判断する。0％から100％の範囲で表されるため、100％を超えることはない。なお、70％～80％以上では株価は割高で反転する可能性が高く、20％～30％以下では株価は割安で反転する可能性が高いと判断される

(1) 信用取引において、委託保証金率が30％である場合に、30万円の委託保証金を金銭で差し入れているときは、約定金額100万円まで新規建てすることができる。

(2) 信用取引では、顧客が証券会社に担保として預託する委託保証金について、現金以外に一定の有価証券で代用することもできる。

(3) 制度信用取引の場合、原則として新規建てから決済までの期限は、最長で3カ月である。

(4) ダウ工業株30種平均は、ニューヨーク証券取引所およびNASDAQ市場に上場し、米国経済を代表する30銘柄を対象とする時価総額加重型の株価指数である。

(5) ナスダック総合指数は、NASDAQ市場で取引されている全銘柄を対象とする時価総額加重型の株価指数である。

(6) FTSE100は、ロンドン証券取引所に上場している銘柄のうち、時価総額上位100銘柄で構成される時価総額加重平均型の株価指数である。

(7) 配当性向は、当期純利益を配当金額で除して算出した指標であり、株主還元の状況を示している。

(8) ROE（自己資本当期純利益率）は、売上高事業利益率と総資本回転率に分解して要因分析を行うことができる。

(9) 財務レバレッジとは、自己資本比率の逆数である。

(10) 配当割引モデルでは、株式の内在価値（理論株価）は、将来、受け取る配当の現在価値の総合計として計算される。

解答

(1) ○	(2) ○	(3) ×	(4) ×	(5) ○
(6) ○	(7) ×	(8) ×	(9) ○	(10) ○

第**5**章

外貨建商品

過去の出題状況	2022.5	2022.9	2023.1	2023.5	2023.9	2024.1
外貨建商品			☆		☆	
利回り計算	☆		☆	☆		

1. 外国為替市場

　円貨を外貨に換えるときのレートをTTS、外貨を円貨に戻すときのレートをTTBという。

2. 外貨建商品

　外貨建商品の運用では、為替レートによって為替差損益が発生する。

3. 利回り計算

　利回り計算は、円貨を外貨に換え、外貨で運用し、外貨を円貨に戻して利回り計算を行う。

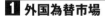

1 外国為替市場

1 外国為替市場

外国為替市場は、インターバンク市場（銀行間市場）と対顧客市場に分かれる。

インターバンク市場とは、金融機関の間で通貨を売買する市場をいう。インターバンク市場は、銀行間相場ともいわれ、為替の受渡日の違いから直物相場と先物相場がある。

対顧客市場とは、金融機関が一般の企業や個人を相手に取引を行う市場である。対顧客相場であるTTS（対顧客電信売相場）とTTB（対顧客電信買相場）は、インターバンク市場の相場を基準に、各金融機関が仲値（TTM）を決定し、それに為替手数料を考慮して自由に決定している。為替手数料は、通貨、金融機関によって異なる。

2 直物相場と先物相場

直物相場	取引日の翌々営業日に受渡しが行われるレートのこと
先物相場	外国為替の将来の予約レート。先物相場の理論値は、基本的には直物相場と金利差によって決まる。直物相場と先物相場の差を直先スプレッドという

先物予約レートは直物相場と金利から算出することができる。

■計算例

> 直物相場が1米ドル＝100円、円金利（1年もの）＝0.1％、米ドル金利（1年もの）＝2.0％のとき、先物相場の理論値はいくらか。
>
> 【解答】
>
> $$先物相場の理論値＝\frac{100円×（1＋0.001）}{1米ドル×（1＋0.02）}＝\frac{100.1円}{1.02米ドル}＝98.137\cdots$$
>
> →98.14円／米ドル
> 100円を金利0.1％で運用する
> 100円×（1＋0.01）＝100.1円
> 100円を米ドルに替え、金利2％で運用する
> 100円÷100円＝1米ドル
> 1米ドル×（1＋0.02）＝1.02米ドル
>
> このとき、100.1円と1.02米ドルが同じになる為替レートが先物予約レートとなる。
> 1.02米ドル＝100.1円
> 両辺を1.02で割って、1米ドルあたりの為替予約レートを算出する。

$$為替予約レート = \frac{100.1円}{1.02米ドル} = 98.14円／米ドル$$

　結論は、外貨を円に替えて円で運用しても、円を外貨に換えて外貨で運用しても同じ結果になるように為替レートが決定される。

　なお、先物相場が直物相場より円高水準となっている場合をディスカウント、先物相場が直物相場より円安水準となっている場合をプレミアムという。円をベースに考えると、上記例のように米国の金利が日本の金利より高い場合にはディスカウントの状態、逆に日本の金利の方が高い場合にはプレミアムの状態となる。

3 対顧客相場

TTS (telegraphic transfer selling rate： 対顧客電信売相場)	TTMに一定の為替手数料を加えて表示される、金融機関が顧客に外貨を売るときのレート。または顧客が円を外貨に替えるときのレート
TTB (telegraphic transfer buying rate： 対顧客電信買相場)	TTMから一定の為替手数料を差し引いて表示される、金融機関が顧客から外貨を買うときのレート。または顧客が外貨を円に替えるときのレート

第5章

外貨建商品

2 外貨建商品

1 為替変動リスク

外貨建商品を円で購入して円で支払いを受ける場合には、購入時と換金時の両方で、円と外貨の両替が必要となる。そのため、外国為替相場の変動により為替差益・為替差損が生じる（為替変動リスク）。

購入時の為替レートと比べて、換金時の為替レートが**円安**になれば**為替差益**が、逆に**円高**になれば**為替差損**が生じる。

したがって、円ベースでみると、金融商品自体で利益が生じても為替差損により元本を割ったり、逆に金融商品自体で損失が生じても為替差益によって元本を上回ったりする。

2 外貨預金

外貨預金とは、米ドル、ユーロ、英ポンド、豪ドルなど外貨建てで行う預金である。金利は各通貨の金利水準が反映され、外貨ベースでは元本割れすることはない。

しかし、外貨預金の円ベースの利回りは、為替レートの変動を受け、外貨建てで表示された金利や利回りとは一致しない。

（1）為替先物予約

外貨定期預金の為替変動リスクを回避するために、為替先物予約をつけることができる。為替先物予約とは、将来の為替相場を予約することである。

為替先物予約をすると、予約時において、換金時の円ベースの元利合計額を確定させることができる。

しかし、外貨預金の預入時に満期時の為替先物予約をすると、理論的には同じ預入期間の円預金と同じような利回りになる。したがって、預入時に為替先物予約をする場合には、現状のように円預金の金利が低い状況では、為替手数料を考慮すると円ベースでは元本割れしてしまう。

3 外国債券

（1）外国債券とは

一般に、債券のうち、発行者、発行場所、通貨のいずれかが外国であるものを外国債券という。

（2）通貨による分類

払込み、利払い、償還の通貨によって、円建外債、外貨建外債、二重通貨建外債（デュアルカレンシー債、リバース・デュアルカレンシー債）に分けられる。利子や

償還金が外貨建てである場合には為替変動リスクがあるが、円建外債はすべてが円建てのため、為替変動リスクはない。ただし、外国の発行者が発行する場合にはカントリーリスクがある。

	払込み	利払い	償　還
外貨建外債（ショーグン債など）	外　貨	外　貨	外　貨
円建外債（サムライ債・ユーロ円債）	円	円	円
デュアルカレンシー債	円	円	外　貨
リバース・デュアルカレンシー債	円	外　貨	円

① 外貨建外債

国際機関・外国の政府や地方公共団体・民間企業または日本の企業などが国内外で発行する外貨建ての債券。

外国の発行者が日本国内で外貨建てで発行するものをショーグン債という。

② 円建外債

国際機関・外国の政府や地方公共団体・民間企業が国内外で発行する円建ての債券、または日本の企業などが国外で発行する円建ての債券。

外国の発行者が日本国内で円建てで発行するものをサムライ債という。発行者を問わず海外（ユーロ市場）で円建てで発行するものをユーロ円債という。

③ 二重通貨建債券

払込み・利払い・償還のいずれかに、異なる二種類の通貨が使われる債券。

デュアルカレンシー債	払込みと利払いの通貨が同じで、償還の通貨が異なる
リバース・デュアルカレンシー債	払込みと償還の通貨が同じで、利払いの通貨が異なる

（3）ストリップス債（元本利子分離債）

固定利付債の元本部分と利子部分を分離し、それぞれの部分が割引債として販売される債券。元本部分は固定利付債の償還日を満期とする割引債となり、利子部分は各支払期日を満期とする割引債となる。代表例は、米国国債のストリップス債である。

4 外国株式

（1）外国株式とは

外国株式とは、海外に国籍を持つ企業が発行する株式のことである。現在では世界各国の主要株式市場に上場する銘柄に投資をすることができる。

（2）外国株式の取引方法

外国株式の取引方法は、国外委託取引（外国取引）、国内店頭取引、国内委託取引の3種類がある。

	特徴	注文方法
国外委託取引 （外国取引）	投資家の注文を国内の証券会社が取次ぎ、海外の証券会社を通じて海外市場に直接に注文を発注する方法。外国株式の約定価格は現地の通貨による表示となるほか、手数料が国内の証券会社と現地の証券会社に対してかかる。	指値注文 成行注文
国内店頭取引	国内の証券会社と投資家との間で市場を通さずに直接に売買取引を行う方法。国内の証券会社が在庫として保有する外国株式を、当該海外市場の株価を基準として売買される。株価や為替レートは当該証券会社が提示するものとなる。手数料は売買価格のなかに含まれる。	成行注文のみ
国内委託取引	国内の証券取引所に上場されている限られた銘柄を対象として売買する方法。取引時間や委託手数料および税金の取扱いなどは国内株式に準じている。株価表示は円で表示され、為替レートはすでに織り込まれている。	指値注文 成行注文

5 外国投資信託

　外国投資信託とは、ファンドの国籍が海外にあり、その国の法律に基づいて設定される投資信託である。外貨建ての外国投資信託だけでなく、円建ての外国投資信託もある。

　投資対象が外国証券であったり、通貨が外貨建てであっても、日本の投資信託法に基づいて設定された投資信託は外国投資信託ではない。

（1）外貨建MMF

　外貨建MMFとは、海外の安全性の高い短期金融商品や国債等を中心に投資する外国公社債投資信託である。株式は一切組み入れられていない。一般に、為替手数料は外貨預金と比べて安く、購入時に手数料はかからない。

　外国証券に該当するため、取引のためには外国証券取引口座の開設が必要であるが、外貨建MMFだけの利用であれば、**外国証券口座管理料は不要**である。

購入	購入代金は円で払い込むのが一般的だが、外貨での払込みも可能。購入時手数料は不要
換金	購入日の翌営業日以降はペナルティなしに換金できる。信託財産留保額は徴収されない。円で受け取るのが一般的だが、外貨での受取りも可能
収益分配	実績分配型。 毎日決算を行い（日々決算型）、収益分配金（税引後）を月末にまとめて自動的に再投資する1カ月複利
信託期間	無期限

6 外国為替証拠金取引（FX取引）

外国為替証拠金取引は、証拠金を差し入れることで、最高その25倍（2024年4月現在）の外国為替を売買することができる。すなわち、取引額の4％以上の証拠金の差入れが必要となる。

最高25倍のレバレッジをかけられるため、ハイリスク・ハイリターンな取引といえる。収益源には、為替差益と通貨間の金利差（スワップポイント）がある。米ドルと円など、対円での取引のみならず、例えば豪ドルと米ドルなどといった外貨同士のペアの取引も可能である。

評価損が一定額を超えた場合には、損失の拡大を防止するため、業者が強制的に決済して取引を終了させるロスカットが設けられている。

7 為替予約を利用したリスクヘッジ

国内の事業者などが為替による損失に備えて、将来において外国通貨を購入または売却する価格や数量を現時点で予約することを為替予約という。為替予約を利用したリスクヘッジには以下の方法がある。

・米ドル建てで決済する輸出業者に対して、円高に対するヘッジとして、米ドル売り／円買いの為替予約が有効である。円高になると利益が出るため、代金の目減りと相殺できる。
・円建てで決済する輸入業者に対して、円安に対するヘッジとして、米ドル買い／円売りの為替予約が有効である。円安になると利益が出るため、代金の増額と相殺できる。
・外貨建て債券を発行する国内会社が、将来の円安による償還負担の増加をヘッジするためには、外貨買い／円売りの為替予約を行うと効果的である。

たとえば、輸出業者は現時点で100円／1ドルの商品が、将来90円／1ドルの円高となった場合に損失を被る（100円だった商品が90円に目減りするため）。そのため円高になっても損失を被らないよう為替予約を行う。

米ドル売り／円買いの為替予約を行うことは、円高になると利益が出る取引である。これにより、将来円高になって商品代金が損失を被っても、為替予約で利益が出るため、相殺することでリスクヘッジにつながる。

3 利回り計算

1 利回り計算

（1）期間1年の場合

■計算例

> 以下の条件で為替予約を付けずに円貨から外貨預金に預け入れた場合、満期時の円貨換算による年利回りはいくらか。なお、計算結果の表示単位の小数点以下第3位を四捨五入し、税金等は考慮しないものとする。
>
> | 外貨預金の期間・通貨・利率 | 期間1年の豪ドル建て定期預金、利率（年率）3.00% | |
> |---|---|---|
> | 預入時為替レート | TTS：89.00円 | TTB：87.00円 |
> | 満期時為替レート | TTS：91.50円 | TTB：89.50円 |

> 【解　答】
> 　1豪ドル預け入れたとして計算する。預入時為替レートはTTSを適用し、満期時為替レートはTTBを適用する。
> ① 円貨の元本
> 　　1豪ドル×89.00円（TTS）＝89.00円
> ② 満期時（1年後）の豪ドル元利合計
> 　　1豪ドル×（1＋0.03）＝1.03豪ドル
> ③ 円貨換算の受取金額
> 　1.03豪ドル×89.50円（TTB）＝92.185円
> ④ 円貨換算による年利回り
> 　　$\dfrac{③92.185円 － ①89.00円}{①89.00円} \times 100 = 3.578\cdots \rightarrow 3.58\%$

（2）期間1年未満の場合

■計算例

> 以下の条件で為替予約を付けずに1万豪ドルを外貨預金に預け入れた場合、満期時の円貨換算による年利回りはいくらか。なお、6カ月は0.5年として計算し、計算結果の表示単位の小数点以下第3位を四捨五入し、税金等は考慮しないものとする。

外貨預金の期間・通貨・利率	期間6カ月の豪ドル建て定期預金、利率（年率）2.00%	
預入時為替レート	TTS：92.00円	TTB：90.00円
満期時為替レート	TTS：94.50円	TTB：92.50円

【解　答】

① 円貨の元本

　　1万豪ドル×92.00円（TTS）＝920,000円

② 満期時（6カ月後）の豪ドル元利合計

　　1万豪ドル×（1 ＋0.02×0.5年）＝10,100豪ドル

③ 円貨換算の受取金額

　　10,100豪ドル×92.50円（TTB）＝934,250円

④ 円貨換算による年利回り

$$\frac{③934,250円－①920,000円}{①920,000円}÷0.5年×100＝3.097\cdots \;\rightarrow\; 3.10\%$$

利回りは1年あたりで表示するため、0.5で割り戻すことを忘れてはならない。

(1) 外国為替市場のインターバンク市場の直物相場は、売買契約の成立の翌々営業日に通貨の受渡しが行われる。

(2) TTBは、TTMに一定の為替手数料を加えて表示される。

(3) 顧客が外貨預金に預け入れる際の為替レートは、TTSである。

(4) 対顧客相場における為替手数料は、通貨、金融機関によって異なる。

(5) 払込みと利払いが円建てで行われ、償還が外貨建てで行われる債券のことを、リバース・デュアルカレンシー債という。

(6) 外国株式の取引方法は、国外委託取引、国内店頭取引、国内委託取引の3種類がある。

(7) 外国株式の取引方法のうち国外委託取引では、現地通貨建ての約定金額に対して現地での手数料および国内取次手数料がかかる。

(8) 外貨建MMFの取引をするためには、外国証券取引口座を開設し、外国証券口座管理料を必ず支払う必要がある。

(9) 外貨建MMFにおける分配金は実績分配であり、その分配金は毎日計算され月末にまとめて再投資される。

(10) 外国為替証拠金取引では、取引額の25％以上の証拠金の預託が必要となる。

解答

| (1) ○ | (2) × | (3) ○ | (4) ○ | (5) × |
| (6) ○ | (7) ○ | (8) × | (9) ○ | (10) × |

第6章

金融派生商品

過去の出題状況	2022.5	2022.9	2023.1	2023.5	2023.9	2024.1
先物取引			☆	☆		☆
オプション取引	☆				☆	
スワップ取引			☆		☆	☆

1. デリバティブ取引

代表的なデリバティブ取引には、先物取引、オプション取引、スワップ取引がある。

2. 先物取引

先物取引は、リスク回避、投機、利ザヤ獲得などを目的として取引される。

3. オプション取引

オプション取引は、コールまたはプットの買い手と売り手により4つの基本パターンがある。

4. スワップ取引

スワップ取引には、主に金利スワップと通貨スワップがある。

1 デリバティブ取引

1 デリバティブ取引

「デリバティブ（Derivative）」とは「別のものから派生したもの」という意味である。デリバティブ取引は、預金、債券、株式、外国為替などの本来の金融商品から、派生して生まれた取引のことで、金融派生商品と呼ぶ。本来の金融商品のことを原資産という。

代表的なデリバティブ取引に、先物取引、オプション取引、スワップ取引があり、それぞれの内容と取引方法は次のとおりである。

	内　容	取引方法
先物取引	将来の価格や一定の条件をあらかじめ決めて売買すること	取引所取引
オプション取引	権利の売買。将来一定の条件で売買する「権利」を売買すること	取引所取引 相対取引
スワップ取引	交換取引。例えば、金利の支払いについて変動金利と固定金利を交換する取引	相対取引

2 取引所取引と相対取引

取引所取引とは、取引所に上場されて、取引所のルールにしたがって取引を行う方法で、「証拠金制度」がとられている。

一方、相対取引は店頭取引ともいわれ、上場されておらず、顧客が金融機関との間で相対で取引する方法である。

先物取引は取引所取引のみ、スワップ取引は相対取引のみ、オプション取引には取引所取引と相対取引がある。

2 先物取引

1 先物取引とは

先物取引とは、ある商品（対象商品）を、将来のあらかじめ決められた受渡日（期限日）に、あらかじめ決められた価格（約定価格）で売買することを契約する取引である。つまり、今売買する約束を行い、将来決済する。

（例：日経225先物取引）

ある商品を	→	日経平均株価を
将来のあらかじめ決められた受渡日に	→	20××年12月10日に
あらかじめ決められた価格で	→	38,000円で
売買することを契約する	→	買うことを契約する

2 先物取引の特徴

（1）反対売買による差金決済

先物取引は、必ずしも期限日に決済する必要はない。期限日の前に、その時点の価格で反対売買を行うことで差金決済できる。

反対売買とは、買い建てた場合は転売すること、売り建てた場合は買戻しすることをいう。差金決済とは、差額のみで現金決済することをいう。実際には、ほとんどの取引が期限日の現物受渡しによらず、期限日前の反対売買により差金決済されている。

（**1**の例の続き）

期限日の前に	→	20××年10月10日に
その時点の価格で反対売買し	→	40,000円で転売し
差金決済できる	→	2,000円（40,000円－38,000円）の利益をあげることができる

（2）取引所取引

国内の株式先物取引は、主として大阪取引所に上場している。

（3）最終取引日

株価指数先物取引の期限月を限月という。各限月の満期日（SQ日という）は第2金曜日であり、その前営業日が最終取引日である。最終取引日までに反対売買されなかった場合、最終清算数値（SQ値）により最終決済される。

3 先物取引と先渡取引の違い

先物取引と類似した取引に先渡取引（フォワード）がある。どちらも、今売買する約束を行い、将来決済する点は共通であるが、取引形態や反対売買の可否などが下表のように異なる。

	先物取引	先渡取引
取引	取引所取引	店頭取引
与信リスク	ほとんどない	ある
取引の対象	取引所が定めた商品	当事者間で決めた商品
差金決済	できる。 ほとんどが期限日の現物受渡しによらず、期限日前の反対売買により差金決済される。	できない。 期限日に現物を受け渡すことが原則である。
委託証拠金	必要	不要

なお、為替先物予約は、先渡取引（フォワード）である。例えば、ドル建てで決済する輸入業者が、将来、円をドルに両替する（ドル買い／円売り）為替予約を行うことは、円安に対するヘッジとして有効といえる。

4 先物取引を利用する目的

先物取引を利用する目的には、リスク回避目的、投機目的、利ザヤ獲得目的の3つがあり、それぞれ、ヘッジ取引、スペキュレーション取引、裁定取引（アービトラージ取引）という。

（1）ヘッジ取引——リスク回避目的

ヘッジ取引とは、現物の価格変動リスクを、現物と反対の先物を売買することによって回避する取引である。現物の値下がりリスクに備える売りヘッジと、現物の値上がりリスクに備える買いヘッジがある。

売りヘッジ	保有している現物が今後値下がりすると予想されてもすぐに売却できない場合に利用する。先物をあらかじめ売り建て、値下がりしたときに先物を買い戻す。値下がり時に利益が出るため、現物の値下がりと相殺できる。
買いヘッジ	今後現物の値上がりが予想されるものの購入資金がすぐに用意できない場合に利用する。先物をあらかじめ買い建て、値上がりした後で転売する。値上がりリスクを回避できる。

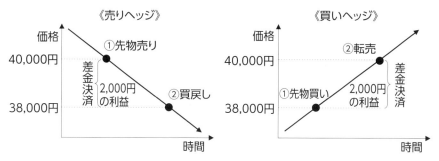

（2）スペキュレーション取引——投機目的

　スペキュレーション取引とは、リスクを覚悟のうえで、少ない資金で多額の利益を得ようとする取引のことである。委託証拠金だけを払い込めば多額の取引が行えるため、予想が的中すれば現物投資に比べて多額のリターンが得られるが、反対に予想が外れれば多額の損失を被ることになる。

（3）裁定取引（アービトラージ取引）——利ザヤ獲得目的

　現物価格と先物価格、または先物商品の先物価格と先物価格について、その価格差（歪み）を利用して、確実に利益をあげようとする取引である。割高な方を売り建てると同時に割安な方を買い建て、将来、価格差が縮小した時点で反対売買することによって、価格差分の利益（利ザヤ）を得ることができる。

5 主な先物取引

　TOPIX先物（ラージ）は、TOPIX（東証株価指数）の1万倍の金額が最低取引単位（1枚）となっている。一方、日経225先物（ラージ）は、日経平均株価の1,000倍の金額が最低取引単位（1枚）である。また、それぞれの先物取引には、ミニが設けられており、ラージの10分の1が最低取引単位となっている。

　そのほか、JPX日経インデックス400先物やNYダウなど海外の株価指数先物取引も大阪取引所に上場されている。

	日経225先物	TOPIX先物
取引所	大阪取引所	
取引単位	日経平均株価の1,000倍	TOPIXの1万倍
呼値の単位	10円	0.5ポイント
取引最終日	各限月の第2金曜日（SQ日）の前営業日 （注）取引最終日までに反対売買で決済されなかった建玉は、SQ値（最終清算数値）により決済される。	

　先物取引の立会時間は、日中立会と夜間立会（ナイト・セッション）の2つがある。どちらの立会時間であっても、板寄せ方式やザラバ方式による取引が行われる。なお、板寄せ方式は立会時間の最初と最後で用いられ、ザラバ方式は立会時間中に用いられる。

3 オプション取引

1 オプション取引とは

オプション取引とは、特定の商品（原資産）をあらかじめ定められた期日（満期日）に、そのときの市場価格に関係なく、あらかじめ決められた特定の価格（権利行使価格）で、買う権利または売る権利を売買することをいう。

（例：日経225オプション「コールの買い」）

特定の商品を	→	日経平均株価を
あらかじめ定められた期日までに	→	20××年12月10日に
あらかじめ決められた特定の価格で	→	38,000円で
買う権利または売る権利を	→	買う権利を
売買する	→	500円で買う

（1）オプションの満期日

あらかじめ決められた将来の一定の期日のことを満期日といい、満期日までの期間中いつでも権利行使ができるオプションをアメリカン・タイプ、満期日にしか権利行使できないオプションをヨーロピアン・タイプという。

（2）取引所取引と店頭取引

国内のオプション取引は資産の種類によって、株価指数オプション、有価証券オプション、金利先物オプション、通貨オプションなどに分類できる。

2 オプション取引の仕組み

「原資産を買う権利」をコール・オプションという。「原資産を売る権利」をプット・オプションという。

買う権利　→　コール・オプション
売る権利　→　プット・オプション

それぞれの権利に対して、売り手と買い手が存在する。したがって、コール・オプションの買い手に対して売り手が、プット・オプションの買い手に対して売り手の4者が存在する。

（1）プレミアム（オプション料）

オプションの買い手は、売り手から権利を買う際に、売り手に対してプレミアム（オプション料）を支払う。つまり、プレミアムとはオプションの購入代金のことである。

買い手はプレミアムを支払う代わりに、権利を取得する。一方、売り手は、プレミアムを受け取る代わりに、買い手から権利行使されたら必ず応じる義務が生じる。

（2）オプション取引の4つの基本パターン

① コール・オプションの買い手

売り手にプレミアムを支払う。原資産の時価がいくらであるかに関係なく、売り手から権利行使価格で原資産を買う権利を持つ。

② コール・オプションの売り手

買い手からプレミアムを受け取る。原資産の時価がいくらであるかに関係なく、オプションの買い手の要請に応じて、権利行使価格で原資産を売る義務を負う。

③ プット・オプションの買い手

売り手にプレミアムを支払う。原資産の時価がいくらであるかに関係なく、売り手に権利行使価格でオプションの原資産を売る権利を持つ。

④ プット・オプションの売り手

買い手からプレミアムを受け取る。原資産の時価がいくらであるかに関係なく、オプションの買い手の要請に応じて、権利行使価格で原資産を買う義務を負う。

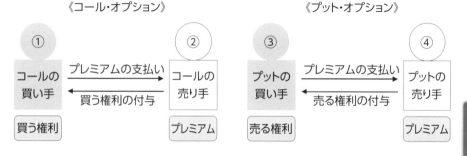

（3）権利義務関係の解消方法

オプション取引の買い手は、売り手に対して権利行使することができるが、実際に権利行使すると不利になる場合には権利放棄することもできる。売り手には選択の余地はない。

その他、買い手、売り手ともにオプションをオプション市場で売買することが可能である。

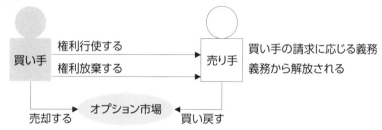

3 オプション取引の損益

＜損益図のポイント＞

　オプションの損益図は、将来の市場価格によって損益状態がどのように変わるかを示している。横軸は決済日の市場価格を、縦軸は損益を目盛りとする。横軸と縦軸の交点が損益分岐点となる。横軸より上が利益であり、下は損失となる。横軸と平行になっているところは、利益または損失が、「プレミアムに限定」されている部分である。また、損益図は権利行使価格で45度の角度で折れ曲がる。

（1）コール・オプションの買い

　（例）権利行使価格38,000円の日経225コール・オプションをプレミアム500円で買う場合

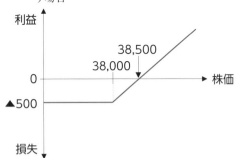

・利益：日経平均株価が値上がりすればするほど大きくなる。

・損失：日経平均株価がどんなに値下がりしても、プレミアム500円に限定。

（2）コール・オプションの売り

　（例）権利行使価格38,000円の日経225コール・オプションをプレミアム500円で売る場合

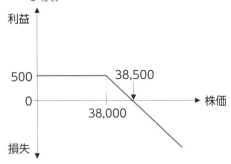

・利益：日経平均株価がどんなに値下がりしても、プレミアム500円に限定。

・損失：日経平均株価が値上がりすればするほど大きくなる。

（3）プット・オプションの買い

（例）権利行使価格38,000円の日経225プット・オプションをプレミアム500円で買う場合

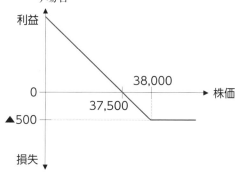

> ・利益：日経平均株価が値下がりすればするほど大きくなる。
>
> ・損失：日経平均株価がどんなに値上がりしても、プレミアム500円に限定。

（4）プット・オプションの売り

（例）権利行使価格38,000円の日経225プット・オプションをプレミアム500円で売る場合

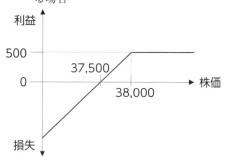

> ・利益：日経平均株価がどんなに値上がりしても、プレミアム500円に限定。
>
> ・損失：日経平均株価が値下がりすればするほど大きくなる。

■4つの基本パターンのまとめ

・買い手：損失は支払うプレミアムに限定され、利益は無限定である。
・売り手：利益は受け取るプレミアムに限定され、損失は無限定である。

		利益	損失
コール・オプション	コールの買い手	無限定	プレミアムに限定
	コールの売り手	プレミアムに限定	無限定
プット・オプション	プットの買い手	無限定	プレミアムに限定
	プットの売り手	プレミアムに限定	無限定

（注）プット・オプションの場合、株価はゼロ円以下にはならないが、「プレミアムに限定されず膨大になる可能性がある」という意味で「無限定」と表記している。

(5) ゼロ・コスト・オプション

　「コール・オプションの買いとプット・オプションの売り」または「コール・オプションの売りとプット・オプションの買い」を組み合わせ、プレミアムの受払いがない（差引ゼロとなる）場合のことを、ゼロ・コスト・オプションという。

---

４ プレミアムの価格形成

（1）権利行使価格と原資産価格との関係

① イン・ザ・マネー（ITM）
　　権利行使すると利益の出る状態。
　　・コール・オプションの場合、権利行使価格よりも原資産価格が上回っている。
　　・プット・オプションの場合、権利行使価格よりも原資産価格が下回っている。
② アット・ザ・マネー（ATM）
　　権利行使価格と原資産価格が同じ状態。
③ アウト・オブ・ザ・マネー（OTM）
　　権利行使すると損失となる状態。
　　・コール・オプションの場合、権利行使価格よりも原資産価格が下回っている。
　　・プット・オプションの場合、権利行使価格よりも原資産価格が上回っている。

	コール・オプション	プット・オプション
イン・ザ・マネー	原資産価格＞行使価格	原資産価格＜行使価格
アット・ザ・マネー	原資産価格＝行使価格	原資産価格＝行使価格
アウト・オブ・ザ・マネー	原資産価格＜行使価格	原資産価格＞行使価格

（2）オプションの価値（オプション・プレミアム）

　オプションの価格（価値）はオプション・プレミアムと呼ばれ、本質的価値と時間価値によって構成される。

> オプション・プレミアム ＝ 本質的価値 ＋ 時間価値

① 本質的価値
　　オプション本来の価値で、権利を行使することによって得られる価値をいう。原資産価格と権利行使価格の差額が本質的価値である。イン・ザ・マネーの場合のみ本質的価値が生じ、アウト・オブ・ザ・マネーの場合には、本質的価値はゼロになる。

> コール・オプションの本質的価値 ＝ 原資産価格 － 権利行使価格
> プット・オプションの本質的価値 ＝ 権利行使価格 － 原資産価格

② 時間価値
　　オプション・プレミアムと本質的価値の差額のこと。満期までの残存期間が長いほど、また、原資産価格のボラティリティ（価格変動性）が大きいほど時間価値は高くなる。時間価値は満期日が近づくにつれて減少し、満期日にはゼロになる。

5 オプション・プレミアムの決定要因

オプション・プレミアムを決定する要因には、原資産価格、権利行使価格、短期金利、満期日までの残存期間、ボラティリティ（原資産価格の価格変動性）などがある。

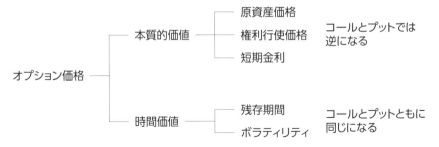

（1）原資産価格

コール・オプションは、原資産価格が権利行使価格を上回れば利益が生じるため、原資産価格が**上昇**するほどプレミアムは高くなる。一方、プット・オプションは、原資産価格が権利行使価格を下回れば利益が生じるため、原資産価格が**下落**するほどプレミアムは高くなる。

（2）権利行使価格

コール・オプションは、買う権利であるため、「安く買える権利（権利行使価格が低い）」の方がプレミアムは高くなる。一方、プット・オプションは、売る権利であるため、「高く売れる権利（権利行使価格が高い）」の方がプレミアムは高くなる。

（3）短期金利

コール・オプションは、あとで買うため実際に購入するまでの間、資金を運用することができる。そのため、短期金利が上昇すれば、資金調達コストの面から有利になり、プレミアムは高くなる。一方、プット・オプションは、あとで売却するため、今売却した場合と比べて、その間の資金運用ができない。そのため短期金利が**上昇**すればプレミアムは低くなる。

商品先物オプションの場合は、金利コストがないため、短期金利が上昇するとプレミアムは低くなる。

（4）残存期間

権利行使期限までの残存期間の長いオプションの方が、短いオプションと比較してプレミアムは高くなる。これは残存期間が長いほど、その間に原資産価格が有利な価格に動く可能性が高まる（収益機会が多くなる）ためである。

(5) ボラティリティ

　ボラティリティが上昇する（原資産価格の値動きが激しくなる）ほど、原資産価格が有利な価格となる可能性が高くなる（収益機会が多くなる）ため、プレミアムは高くなる。

■オプション・プレミアムの決定要因のまとめ

決定要因	条件	コールのプレミアム	プットのプレミアム
原資産価格	上昇	高い	低い
	低下	低い	高い
権利行使価格	高い	低い	高い
	低い	高い	低い
短期金利	上昇	高い（低い）	低い（低い）
	低下	低い（高い）	高い（高い）
残存期間	長い	高い	
	短い	低い	
ボラティリティ	上昇	高い	
	低下	低い	

（注）（　　　）内は先物オプションの場合

(6) バリア条件の設定（バリア・オプション）

　バリア条件（ノックインやノックアウト）の設定は、買い手に不利な条件があるため、プレミアムは低くなる。

ノックイン・オプション	原資産価格がある一定価格（バリア価格）に達すると有効になるオプションのこと
ノックアウト・オプション	原資産価格がある一定価格（バリア価格）に達すると無効になるオプションのこと

6 主なオプション取引

(1) 株価指数オプション

	日経225オプション	TOPIXオプション
取引所	大阪取引所	
取引単位	オプション価格×1,000円	オプション価格×1万円
権利行使	各限月の第2金曜日（SQ日）にのみ可能（ヨーロピアンタイプ） （注）SQ日の前営業日までに反対売買されなかった場合、SQ値（特別清算数値）によって自動決済される。	

(2) 金利オプション

　金利オプションは、指標金利を対象とするオプションである。

① キャップ取引

　キャップとは、変動金利の上限のこと。資金調達者の金利上昇リスクのヘッジ
に利用される。キャップの買い手は、売り手にプレミアムを支払うことで、実際
の金利が設定した上限金利（ストライクレート）を超えた場合に、超えた部分の
金利差を売り手から受け取ることができる。

② フロア取引

　フロアとは、変動金利の下限のこと。資金運用者の金利低下リスクのヘッジに
利用される。フロアの買い手は、売り手にプレミアムを支払うことで、実際の金
利が設定した下限金利（ストライクレート）より下回った場合に、下回った部分
の金利差を売り手から受け取ることができる。

③ カラー取引

　カラーとは、キャップとフロアの売買を組み合わせた取引のこと。

> カラーの買い ＝ キャップの買いとフロアの売りの組合せ
> カラーの売り ＝ キャップの売りとフロアの買いの組合せ

　カラーの買いの場合、金利の上限と金利の下限を同時に設定することになる。
金利の下限が設定されることで、一定以上の金利低下によるメリットは放棄する
代わりに、当初支払うプレミアムはキャップに比べて安くなる。

④ スワップション

　スワップションとは、「スワップ」と「オプション」の合成語で、将来、金利
スワップを開始する権利を売買するオプション取引のこと。将来の金利変動リス
クのヘッジが可能となる。

ペイヤーズ・スワップション	買い手が、固定金利を支払い変動金利を受け取る金利スワップを開始することができるオプション。金利上昇リスクをヘッジできる。
レシーバーズ・スワップション	買い手が、固定金利を受け取り変動金利を支払う金利スワップを開始することができるオプション。金利低下リスクをヘッジできる。

(3) 通貨オプション

　通貨を一定期間内または将来の一定の期日に、一定のレートで買う権利または売る
権利を売買する取引のことである。

輸入企業の場合	例えば、ドル支払いがある輸入企業が、将来のドルに対するドル高／円安をヘッジするためには、円プット／ドルコールの通貨オプションを購入することが効果的である。
輸出企業の場合	例えば、ドル受取りがある輸出企業が、将来のドルに対するドル安／円高をヘッジするためには、ドルプット／円コールの通貨オプションを購入することが効果的である。

７ オプション取引を利用したリスクヘッジ

　オプション取引を利用することにより、保有している資産が価格変動により被る損
失を回避することができる。一般的なリスクヘッジの手法として以下のものがある。

- ・東証株価指数（TOPIX）を原資産とするプット・オプションを購入することにより、東証株価指数（TOPIX）が下落することに対するヘッジとなる。一方、コール・オプションを購入することにより、東証株価指数（TOPIX）が上昇することに対するヘッジとなる。
- ・ドルコール／円プットの購入は、ドルの対円相場が上昇するドル高／円安に対するヘッジとなる。
- ・米ドル建てで決済する輸入業者の円安に対するヘッジとしては、米ドルコール／円プットのオプションを購入することが効果的である。

　たとえば、現物である東証株価指数（TOPIX）は値段が下がるほど損失が生じる。そこで、株価が下落するほど利益がでるプット・オプションを購入することにより、利益と損失を相殺することができる。

4 スワップ取引

1 スワップ取引とは

スワップとは「交換」のことをいう。スワップ取引とは、将来の一定期間における経済的に等価と考えるキャッシュフローを交換する取引であり、店頭取引で行われる。代表的なものとして、金利スワップと通貨スワップがある。

2 金利スワップ

金利スワップとは、固定金利と変動金利など、**同一通貨で異なる金利**の支払いや受取りを交換する取引のことをいう。金利スワップでは、元本部分の交換は行われず、金利部分だけを交換する。

(1) 金利上昇リスクの回避

企業の資金調達として、短期金融市場でCP（コマーシャルペーパー）を発行する方法がある。CPは短期間（3カ月）で満期償還となるため、発行を繰り返す間に金利上昇リスクが伴う。この金利上昇リスクの回避のためにスワップが利用されている。

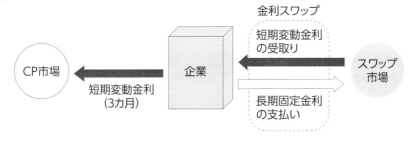

(2) 有利な資金調達の交換

資金調達を低コストで行うためにも金利スワップは有効である。企業が長期資金を調達する場合のコストは、短期資金の調達と比べてその企業の信用力により大きな差が生じる。

例えば、信用力の高いA社と、長期資金調達が必要であるが信用力の劣るB社があったとする。B社はA社に長期資金の調達を依頼し、B社自身は短期資金の調達を行って、A社とB社が金利支払い債務をスワップする方法がある。

このように両社の調達金利の差を利用して相互に有利な資金調達を実現するために金利スワップが利用されている。

	A社	B社
固定金利	4%	5%
変動金利	2% 交換する	3%

3 通貨スワップ

　通貨スワップとは、ドルと円など**異なる通貨**の元利金をあらかじめ合意した為替レートで交換する取引をいう。為替変動リスクの回避に活用されている。通常は元本の交換があるが、元本交換をせずに金利部分の交換のみを行う取引を、**クーポンスワップ**という。

　例えば、ドル建債券を発行している企業は、償還時に円安になれば、為替差損が生じてしまう。通貨スワップを活用すれば、スワップ市場で受け取ったドルとドル建債券の元利金支払いが相殺され、企業にとっては円での支払いだけとなり、為替変動リスクの回避が可能となる。

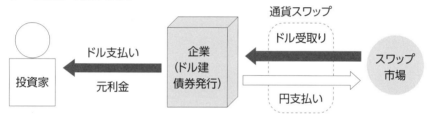

輸入企業の場合	ドル支払いがある輸入企業が、ドル高／円安をヘッジするためには、円の固定金額支払い／ドルの固定金額受取りとなるクーポンスワップが効果的である。
輸出企業の場合	ドル受取りがある輸出企業が、ドル安／円高をヘッジするためには、ドルの固定金額支払い／円の固定金額受取りとなるクーポンスワップが効果的である。

(1) 満期まで10年程度の国債を大量に保有している企業に対して、国債価格の短期的な下落リスクのヘッジとして、長期国債先物の売却を提案した。

(2) 日本では、オプション取引はすべて店頭取引で行われる。

(3) 日経平均株価のプット・オプションの購入は、日経平均株価が下落することに対するヘッジとなる。

(4) 原資産価格が行使価格よりも低いコール・オプションは、イン・ザ・マネーの状態にある。

(5) 原資産価格が上昇すると、プット・オプションのプレミアムは低くなる。

(6) ボラティリティが上昇すると、コール・オプションのプレミアムは高くなり、プット・オプションのプレミアムは低くなる。

(7) キャップを購入すると、対象となる金利が上昇することに対するヘッジとなる。

(8) カラーの買いとは、キャップの買いとフロアの買いを組み合わせた取引である。

(9) スワップションとは、ある条件のスワップ取引を将来始める権利を売買するオプション取引である。

(10) 金利スワップとは、同一通貨間の異なる種類の金利を交換する取引である。

解答

(1) ○	(2) ×	(3) ○	(4) ×	(5) ○
(6) ×	(7) ○	(8) ×	(9) ○	(10) ○

第7章

その他の金融商品

過去の出題状況	2022.5	2022.9	2023.1	2023.5	2023.9	2024.1
信託商品等						
金投資	☆		☆			
純金積立	☆					

1. 信託商品等

　信託とは、委託者が受託者に財産を移転して、受益者のために資産の管理・処分を行うものである。

2. 金投資

　金価格は国際政治情勢等により価格が変動するリスクがあるが、それ以外に為替リスクがある。

3. 純金積立

　純金積立は金を定期的に購入する。

1 信託商品

1 信託とは

　信託とは、委託者が信託行為（信託契約、遺言など）によって、受託者（信託銀行等）に対して金銭などの財産を移転し、受託者は委託者が設定した信託目的に従って受益者のためにその信託財産の管理・処分などを行う。

2 さまざまな信託商品

　金銭信託のうち、元本補てん契約のある金銭信託は預金保険制度の保護の対象となる。元本補てん契約のない金銭信託は預金保険制度の保護の対象とならない。

（1）遺言信託

　遺言により信託を設定するもの、または、遺言書の保管から財産に関する遺言の執行までを受託者が行う。

（2）遺言代用信託

　利用者本人（委託者）が信託銀行等と信託契約を締結し、利用者本人を第一受益者、利用者本人の死亡後はあらかじめ指定した者を第二受益者として設定する。

（3）暦年贈与信託

　暦年贈与信託は、毎年、委託者（贈与者）と受益者（受贈者）の間で贈与契約が行われ、原則として年1回、受託者が受益者の口座に一定額を振込送金する信託である（いわゆる定期贈与ではない）。贈与税の暦年贈与における基礎控除額110万円を超える振込送金も可能である。

（4）特定贈与信託

　特定障害者の生活の安定を図ることを目的に、その親族等が委託者となり、受託者に金銭等の財産を信託し、受益者（特定障害者）へ定期的かつ必要に応じて金銭を交付する。受益者が特別障害者の場合は6,000万円、特別障害者以外の特定障害者の場合は3,000万円を限度として贈与税が非課税となる。

（5）特定寄付信託

　委託者が信託した金銭を、信託銀行等が公益法人等に毎年分割して運用収益とともに寄附することで、社会貢献活動を支援できる。

（6）教育資金贈与信託

「教育資金の一括贈与に係る贈与税の非課税措置」に基づく信託である。委託者（贈与者）は直系尊属に限られ、受益者（受贈者）は、信託を設定する日において30歳未満で前年の合計所得金額が1,000万円以下の者に限られている。受益者1人につき1,500万円（学校以外の教育資金は500万円）を限度として贈与税が非課税になる。

（7）結婚・子育て支援信託

「結婚・子育て資金の一括贈与に係る贈与税の非課税措置」に基づく信託である。委託者（贈与者）は直系尊属に限られ、受益者（受贈者）は、信託を設定する日において18歳以上50歳未満で、前年の合計所得金額が1,000万円以下の者に限られている。受益者1人につき1,000万円（結婚費用は300万円）を限度として贈与税が非課税になる。

（8）後見制度支援信託

後見制度を利用している人の財産管理を支援する信託である。**成年後見（法定後見）**と**未成年後見**において利用できるが、保佐、補助、任意後見では利用できない。信託契約の締結、一時金の交付、信託の変更、解約の手続は、**家庭裁判所**の指示書に基づいて行われる。なお、信託財産は金銭に限定されている。

また、同様の仕組みである「後見制度支援預金」もある。

■後見制度支援預金の仕組み

・後見制度を利用している人の財産のうち、日常的な支払いをするのに必要十分な金銭を預貯金等として後見人が管理し、通常使用しない金銭を後見制度支援預金口座に預け入れる。

・後見制度支援預金口座に係る取引（入出金や口座解約）をする場合には、あらかじめ家庭裁判所が発行する指示書を必要とする。

（9）生命保険信託

委託者が保険会社と締結した生命保険契約に基づく保険金請求権を信託銀行等に信託し、委託者の相続が開始した際には、信託銀行等が保険金を受け取り、受益者に対してあらかじめ定められた方法により給付する。

第**7**章

その他の金融商品

2 金投資

1 金投資

　金は信用度が高く、投資対象として扱われている。金は政治的・経済的混乱期や災害、インフレ時に値上がりする傾向にあるため、「有事の金」ともいわれる。

2 金価格の表示

　金の国際価格は1トロイオンス（31.1035g：略称TOZ）当たりの価格が米ドル建てで表示される。一方、日本国内では1グラム当たりの価格が円で表示され取引されている。

3 金価格の変動要因

　金価格が米ドル建てであるため、金投資には、金価格の価格変動リスクだけでなく米ドルに対する為替変動リスクもある。円高ドル安は国内金価格の下落要因、円安ドル高は国内金価格の上昇要因となる。

　金価格の変動要因には、需給関係、金融動向（金利・株価・為替）、国際政治情勢などがあげられる。なお、インフレ時には、金価格は上昇する傾向にある。

4 その他の特徴

　金は実物資産であり保有していても利息はつかないが、不動産等とは異なり固定資産税はかからない。また、購入時には購入金額に対して消費税が課税される。反対に、売却した場合には、売却価格に対する消費税相当額を上乗せして受け取ることができる。

5 大阪取引所

　大阪取引所では、金の先物取引、金先物オプション取引が行われている。金先物取引には、標準取引（取引単位1キロ）とミニ取引（取引単位100グラム）がある。

3 純金積立

1 純金積立

純金積立は、毎月一定金額を投資し、その金額を各月の取扱会社の営業日数で除し、金を毎日購入する。ドルコスト平均法の効果を得ることができる。

積立金額	月々1,000円以上1,000円単位が主流
積立期間	積立期間1年で、期間満了後自動継続
積立方法	銀行口座からの引落しが一般的（貴金属商の場合）
売却	いつでも時価で売却が可能（一部売却または全部売却ともに可能)※
手数料 口座管理料	売買いずれも手数料が徴収されるのが一般的。なお、年間管理料・年会費が必要な場合がある。

※ 積み立てた金を、金地金や地金型金貨の形で受け取ることもできる。また、ジュエリー（宝飾品）との等価交換もできる。

(1) 暦年贈与信託は、委託者が受託者に拠出した信託財産のうち毎年一定額を受益者に給付する旨の贈与契約書をあらかじめ作成して設定される信託である。

(2) 後見制度支援信託では、信託契約の締結、一時金の交付、信託の変更、解約の手続は、家庭裁判所の指示書に基づいて行われる。

(3) 遺言代用信託では、委託者の死亡後に、委託者が信託設定にあたってあらかじめ指定した者が給付を受けることができる。

(4) 教育資金贈与信託は、直系卑属に対して教育資金を贈与することを目的に設定される信託であり、受益者は信託契約を締結する日において20歳未満の者に限られる。

(5) 特定贈与信託は、委託者が拠出する信託財産について、受益者が特別障害者の場合は5,000万円、特別障害者以外の特定障害者の場合は2,000万円を限度に贈与税が非課税とされる。

(6) 純金積立は実物資産への投資であり、購入時に消費税を負担する必要があるため、換金時に金価格が消費税分値上がりしていなければ実質的に損失が生じる。

(7) 金価格は米ドル建てであるため、金投資には、金価格の価格変動リスクだけでなく米ドルに対する為替変動リスクがある。

(8) 純金積立の買付期間は通常1年間で、契約解除の申し出がなければ、一般的に、1年単位で自動継続される。

(9) 純金積立では、一定の月額投資金額を、各月の取扱会社の営業日数で除し、その金額で、金を毎日購入する仕組みが一般的である。

(10) 純金積立で積み立てた純金は、通常、時価での換金はできるが、金地金での受取り、金貨やジュエリー等の加工品との交換はできない。

解答

(1)	×	(2)	○	(3)	○	(4)	×	(5)	×
(6)	×	(7)	○	(8)	○	(9)	○	(10)	×

第 **8** 章

ポートフォリオ運用

過去の出題状況	2022.5	2022.9	2023.1	2023.5	2023.9	2024.1
ポートフォリオ理論		☆		☆		
資本市場理論					☆	
パフォーマンス評価	☆	☆			☆	☆

1．ポートフォリオ理論

　収益率の散らばり具合である分散や標準偏差によって、リスクを測ることができる。

2．資本市場理論

　投資家は自分の選好に応じて、資本市場線上の接点ポートフォリオと安全資産を組み合わせたポートフォリオに投資を行う。

3．パフォーマンス評価

　シャープ・レシオやトレイナーの測度などにより、リスク調整後のパフォーマンス評価を測ることができる。

1 ポートフォリオ理論

1 投資家の選好

投資家のリスクに対する考え方のことを、投資家の選好といい、次の3つに分類することができる。現代ポートフォリオ理論では、合理的な投資家は、**危険回避型**（リスク回避型）だとされる。

危険回避型 （リスク回避型）	リターンが同じであればリスクの小さい方を選択し、リスクが同じであればリターンの大きい方を選択する。
危険中立型 （リスク中立型）	リスクの大きさには無関心で、よりリターンの大きい方を選択する。
危険愛好型 （リスク愛好家）	リターンが同じであればリスクの大きい方を選択し、リスクが同じであればリターンの大きい方を選択する。

2 期待収益率と標準偏差

（1）期待収益率

期待収益率とは、複数のシナリオに基づく生起確率でウエイト付けした予想収益率の総和のことである。具体的には、それぞれの予想収益率を加重平均して求める。

（2）標準偏差

収益率の散らばり具合のことをリスクという。期待収益率に対するばらつきの大きさを数値化することで、リスクを計算できる。散らばりの程度を測る尺度として、統計学の分散や標準偏差が用いられる。

① 分散

分散とは、実現性のある各予想収益率から期待収益率を差し引き、その差（偏差）を2乗して生起確率を乗じ、それらすべての値を合計した値である。

② 標準偏差

標準偏差とは、分散の平方根（$\sqrt{\text{分散}}$）である。その数値が小さいほどリスクが小さく、大きいほどリスクは大きくなる。

■計算例

ある証券の予想収益率が以下のとおりであるとき、期待収益率と標準偏差はいくらか（小数点以下第3位四捨五入）。

経済状況	生起確率	予想収益率
好況	30%	15%
普通	40%	10%
不況	30%	▲5%

【解　答】
- 期待収益率 $= 15\% \times 0.3 + 10\% \times 0.4 + (\blacktriangle 5\%) \times 0.3 = 7\%$
- 分散 $= (15\% - 7\%)^2 \times 0.3 + (10\% - 7\%)^2 \times 0.4 + (\blacktriangle 5\% - 7\%)^2 \times 0.3$
$= 66$
- 標準偏差 $= \sqrt{分散} = \sqrt{66} = 8.124\cdots \rightarrow 8.12\%$

■計算例

　　以下のシナリオに基づき、証券Aと証券Bに3：2の割合で投資するポートフォリオの期待収益率と標準偏差はいくらか（小数点以下第3位四捨五入）。

経済状況	生起確率	証券Aの予想収益率	証券Bの予想収益率
好況	20%	10%	5%
普通	40%	15%	10%
不況	40%	0%	10%

【解　答】
- 経済状況ごとの予想収益率

　証券Aと証券Bにそれぞれ3：2の割合で投資する場合、0.6：0.4の投資比率となる。経済状況ごとの予想収益率は、投資比率でウエイト付けして求める。
- 好況の場合の予想収益率 $= 10\% \times 0.6 + 5\% \times 0.4 = 8\%$
- 普通の場合の予想収益率 $= 15\% \times 0.6 + 10\% \times 0.4 = 13\%$
- 不況の場合の予想収益率 $= 0\% \times 0.6 + 10\% \times 0.4 = 4\%$
- 期待収益率 $= 8\% \times 0.2 + 13\% \times 0.4 + 4\% \times 0.4 = 8.4\%$
- 分散 $= (8\% - 8.4\%)^2 \times 0.2 + (13\% - 8.4\%)^2 \times 0.4 + (4\% - 8.4\%)^2 \times 0.4$
$= 16.24$
- 標準偏差 $= \sqrt{分散} = \sqrt{16.24} = 4.029\cdots \rightarrow 4.03\%$

■計算例

　　ある証券の過去4期間のポートフォリオの実績収益率が以下のとおりであった場合、標準偏差はいくらか（小数点以下第3位四捨五入）。

	第1期	第2期	第3期	第4期
実績収益率	4%	10%	−10%	12%

【解　答】
- 平均収益率 $= (4\% + 10\% - 10\% + 12\%) \div 4 = 4\%$
- 分散 $= (4\% - 4\%)^2 \times \dfrac{1}{4} + (10\% - 4\%)^2 \times \dfrac{1}{4} + (-10\% - 4\%)^2 \times \dfrac{1}{4}$

$$+ (12\% - 4\%)^2 \times \frac{1}{4} = 74$$

・標準偏差 $= \sqrt{分散} = \sqrt{74} = 8.602 \cdots \rightarrow 8.60\%$

(3) 正規分布

　ポートフォリオ理論では、収益率の散らばりが正規分布に従うと仮定している。すなわち、将来の収益率のばらつき具合は、期待収益率（平均値）を中心とした正規分布になる。

　正規分布とは、下記のような左右対称の釣鐘型をしたグラフのことをいう。

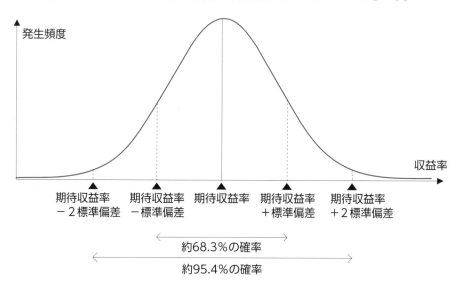

　正規分布を前提とすると、将来発生する収益の範囲の値が起こりうる確率は、以下のようになる。

・約68％の確率で、　期待収益率±標準偏差　の範囲内に収まる。
・約95％の確率で、　期待収益率±2標準偏差　の範囲内に収まる。

(4) 相関関係とポートフォリオのリスク

①　ポートフォリオ効果

　　逆の値動きをする2証券を組み合わせ、A証券の収益率が悪いときにB証券の収益率が良いような場合、ポートフォリオとしての収益率は平均化され、リスクは小さくなる。

　　このように、値動きの異なるものを組み合わせることで、ポートフォリオ全体

としてのブレが相殺されてリスクが軽減することを、ポートフォリオ効果という。A証券とB証券が全く同じ方向に同程度に値動きする場合を除けば、ポートフォリオ効果を得ることができる。

② ポートフォリオ効果と相関係数

ポートフォリオ効果の程度には、組み入れられる証券同士の動き方が似ているかという**相関関係**が大きく影響する。2証券間の収益率の関連性を示すリスクの考え方として、共分散がある。また、2証券間の収益性の関連性を見るときは相関係数を用いる。

相関係数は、－1から1までの範囲の数値をとる。証券同士の相関係数が小さいほど（マイナス1に近づくほど）ポートフォリオ効果は大きくなり、－1で最大になる。ポートフォリオのリスクは、相関係数が1でない限り、組入資産のリスクの加重平均を下回る（相関係数が1のときは加重平均と一致する）。

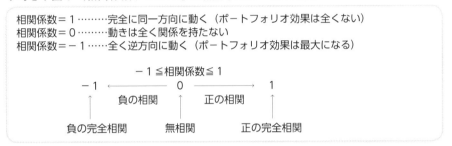

相関係数＝1………完全に同一方向に動く（ポートフォリオ効果は全くない）
相関係数＝0………動きは全く関係を持たない
相関係数＝－1……全く逆方向に動く（ポートフォリオ効果は最大になる）

－1≦相関係数≦1

－1 ←――― 0 ―――→ 1
　　　負の相関　　　　正の相関

負の完全相関　　無相関　　　正の完全相関

■ポートフォリオ（証券Aと証券B）の相関係数と標準偏差

ポートフォリオの相関係数と標準偏差は次のように求める。

・相関係数＝$\dfrac{\text{証券Aと証券Bの共分散}}{\text{証券Aの標準偏差 × 証券Bの標準偏差}}$

・分散＝(証券Aの組入比率)^2×(証券Aの標準偏差)^2+(証券Bの組入比率)^2×(証券Bの標準偏差)^2+2×証券Aの組入比率×証券Bの組入比率×証券Aと証券Bの共分散[※]

※ 「証券Aと証券Bの共分散」は、「証券Aと証券Bの相関係数×証券Aの標準偏差×証券Bの標準偏差」として計算することもできる。

・標準偏差＝$\sqrt{\text{分散}}$

■計算例

> 証券Aと証券Bの標準偏差と共分散が以下のとおりであった場合、①②はいくらか（小数点以下第3位四捨五入）。

	標準偏差	証券Aと証券Bの共分散
証券A	7.0%	30.00
証券B	8.0%	

①証券Aと証券Bの相関係数
【解　答】

$$相関係数 = \frac{30.00}{7.0\% \times 8.0\%} = 0.535\cdots \rightarrow 0.54$$

②証券Aと証券Bに6：4の割合で投資する場合のポートフォリオの標準偏差
【解　答】

$$分散 = (0.6)^2 \times (7.0\%)^2 + (0.4)^2 \times (8.0\%)^2 + 2 \times 0.6 \times 0.4 \times 30.00 = 42.28$$

$$標準偏差 = \sqrt{42.28} = 6.502\cdots \rightarrow 6.50\%$$

　または、上記①の端数処理後の相関係数（0.54）を使用して計算すると以下のとおり。

$$分散 = (0.6)^2 \times (7.0\%)^2 + (0.4)^2 \times (8.0\%)^2 + 2 \times 0.6 \times 0.4 \times 0.54 \times 7.0\% \times 8.0\%$$
$$= 42.3952$$
$$標準偏差 = \sqrt{分散} = \sqrt{42.3952} = 6.511\cdots \rightarrow 6.51\%$$

(5) 市場リスクと非市場リスク

　相関係数が1でない証券同士を組み合わせることでポートフォリオのリスクは低減できる。組入銘柄を増やせばさらにリスク低減効果を期待できる。しかし、実際には組入銘柄を増やしてもシステマティックリスクが存在するため、リスクをゼロにすることはできない。

システマティックリスク（市場リスク）	分散投資によっても消去できないリスク。銘柄を増やしてもリスクをゼロとすることはできない。
アンシステマティックリスク（非市場リスク）	分散投資によって消去できるリスク。組入銘柄を増やすことにより限りなくゼロに近づけることが可能である。

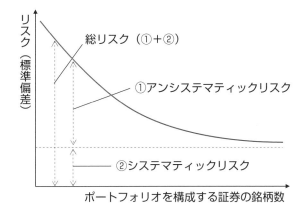

3 ポートフォリオの選択

　3証券以上を組み合わせたポートフォリオのリスクとリターンの組合せは、下図のように面で表される。下図において、証券A・B・Cの投資比率をさまざまに変化させた場合のポートフォリオは、斜線部分となる。

　下図のなかで、合理的な投資家（**危険回避型**）の満足度が最大となるのは赤線部分のみである。この赤線部分を効率的フロンティアまたは有効フロンティアといい、同じ標準偏差のなかでリターンが最大となる投資機会の集合線である。効率的フロンティア上のポートフォリオを効率的ポートフォリオという。

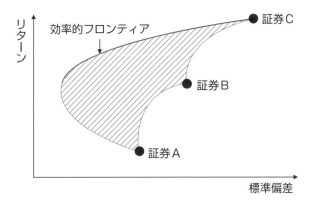

　実際には、安全資産（国債や預金など）も投資対象になる。安全資産を組み入れた場合のポートフォリオは次図のようになる。

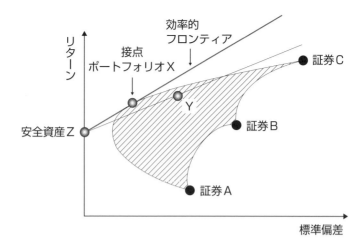

　安全資産Zは、標準偏差がゼロなので縦軸上の1点で交わる。安全資産を組み合わせた場合、証券A・B・Cで構成されるポートフォリオの面の1点と、安全資産の点を結んだ直線が新たな投資集合として表される（例えばポートフォリオYを組み合わせた場合は直線YZ）。

　安全資産を含めたポートフォリオの効率的フロンティアは、安全資産Zと接点ポートフォリオXを結ぶ直線XZとその延長線上となる。安全資産を含めた場合の効率的フロンティア上では、常に接点ポートフォリオが最適ポートフォリオになる。

　この最適ポートフォリオは、リスクのある資産と安全資産の構成比とは無関係に決まる。すなわち、リスクのある資産の組み合わせは、投資家のリスク選好とは無関係に、最適ポートフォリオが決定される。これを、**分離定理**という。接点ポートフォリオが決まれば、安全資産との組合せで投資家の満足度を最大にできる。

　なお、接点ポートフォリオは、存在するすべての銘柄を時価総額比率で含んだ市場ポートフォリオである。TOPIXをイメージするとよいだろう。

2 資本市場理論

1 資本市場線

安全資産と市場ポートフォリオを結ぶ直線を**資本市場線**という。資本市場線の縦軸は期待収益率、横軸は標準偏差である。この線上においてはリスクを取ればその分だけリターンが高まることを意味する。

資本市場線では、ハイリスクならハイリターン、ローリスクならローリターンが成立する（トレードオフの関係）。ポートフォリオの期待収益率は、算式で表すと以下のようになる。

$$\text{ポートフォリオの期待収益率} = \text{安全資産利子率}^{※} + \frac{\text{市場全体の期待収益率} - \text{安全資産利子率}}{\text{市場全体の標準偏差}} \times \text{ポートフォリオの標準偏差}$$

※ 預貯金の利回り、短期金融市場の利回り、国債の利回りなどが用いられている。

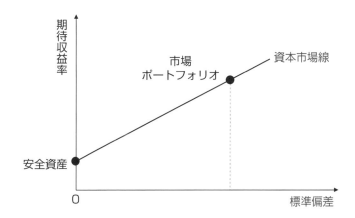

2 証券市場線

安全資産と市場ポートフォリオを結ぶ直線を**証券市場線**という。個別証券は証券市場線上にある状態が均衡状態であることを示している。証券市場線の縦軸は期待収益率であり、資本市場線と同じだが、横軸は β となる。

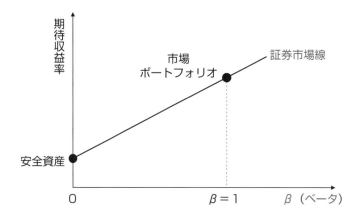

3 資本資産評価モデル（CAPM）

　上記のように資本市場線上では、リスクをとればその分リターンが高まる「トレードオフの関係」が成立する。しかし、個々の証券にはこの考え方は当てはまらない。そこで、個別証券が市場ポートフォリオと比べて、投資家がどのくらいの収益率を期待するのかを資本資産評価モデル（CAPM）を用いて求めることができる。

　資本資産評価モデル（CAPM）では、リスク指標を標準偏差ではなく β（ベータ）を採用し、リスクとリターンの関係性をみていく。ベータ（β）とは、市場ポートフォリオが1％動いたときにその個別証券が何％変動するかを表した数値をいう。個別証券が市場全体のリスクに対してどの程度反応するのかという感応度を示す。

> $\beta = 1$……市場全体と同じ値動きをする
> $\beta > 1$……市場全体よりも大きく値動きする（リスクが大きい）
> $\beta < 1$……市場全体よりも小さく値動きする（リスクが小さい）

　個別資産の期待収益率は、算式で表すと以下のようになる。

> 個別資産の期待収益率（CAPM）
> 　= 安全資産利子率 ＋（市場の期待収益率 － 安全資産利子率）× $\beta^{※}$
>
> ※　$\beta = \dfrac{個別資産と市場の共分散}{市場の分散（標準偏差の2乗）}$

3 パフォーマンス評価

1 リスク調整後のリターンによる評価

　リスクに見合うリターンが得られたかどうかを判定する方法が、リスク調整後のリターンによるパフォーマンス評価で、主なものに **2**〜**5**がある。

2 シャープ・レシオ

　シャープ・レシオはウイリアム・シャープが考えたパフォーマンスの評価方法である。シャープ・レシオは取ったリスク1単位に対して、リターンが何倍あったかで評価を行う。具体的には、**超過収益率**（安全資産利子率を上回った部分）を標準偏差で除して算出する。この数値が大きいほどパフォーマンスが優れている。

　なお、総リスクの尺度である標準偏差をリスク指標としているため、株式ポートフォリオと債券ポートフォリオのように異なる市場間のパフォーマンスを比較することも可能である。

$$\text{シャープ・レシオ} = \frac{\text{ポートフォリオの収益率} - \text{安全資産利子率}}{\text{ポートフォリオの標準偏差}}$$

■計算例

> 　ポートフォリオの収益率が9％、安全資産利子率が1％、ポートフォリオの標準偏差が4％の場合、シャープ・レシオはいくらか。
>
> 【解　答】
>
> $$\text{シャープ・レシオ} = \frac{9\% - 1\%}{4\%} = 2$$

3 トレイナーの測度（トレイナー・レシオ）

　分子はシャープ・レシオと同じ計算だが、分母にポートフォリオの β を用いることでリスク1単位に対して、β の何倍のリターンがあったのがわかる。具体的には、超過収益率を β（ベータ）で除して算出する。この数値が大きいほどパフォーマンスが優れていたといえる。

　なお、市場リスクの尺度である β をリスク指標としているため、株式ポートフォリオと債券ポートフォリオのように異なる市場間のパフォーマンスを比較するには適していない。

$$\text{トレイナーの測度} = \frac{\text{ポートフォリオの収益率} - \text{安全資産利子率}}{\text{ポートフォリオの}\beta}$$

■計算例

　ポートフォリオの収益率が10％、安全資産利子率が１％、ポートフォリオのβが1.25の場合、トレイナーの測度はいくらか。

【解　答】

$$\text{トレイナーの測度} = \frac{10\% - 1\%}{1.25} = 7.2$$

4 ジェンセンの測度（ジェンセンのアルファ）

　ジェンセンの測度とは、個別証券（ポートフォリオ）と証券市場線の差を測る指標である。個別証券（ポートフォリオ）が理論上の収益率である。CAPM（資本資産評価モデル）をどのくらい上回ったのか（下回ったのか）を算出する。ジェンセンの測度がプラスであれば、パフォーマンスが優れていたと判断する。

ジェンセンの測度 ＝ ポートフォリオの収益率 － CAPMによる収益率※
　※　CAPMによる収益率
　　　＝安全資産利子率＋（市場の期待収益率－安全資産利子率）×β

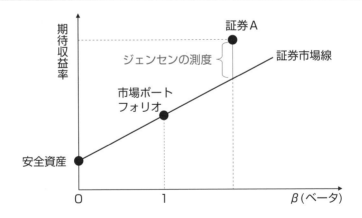

5 インフォメーション・レシオ（情報比）

　インフォメーション・レシオ（情報比）は、アクティブ運用の投資信託を評価する場合に用いる。ベンチマークに対するポートフォリオの超過収益率をトラッキングエラー（超過収益率の標準偏差）で除して算出する。数値が大きいほどパフォーマンスが優れていたと判断する。

$$\text{インフォメーション・レシオ} = \frac{\text{ポートフォリオの収益率} - \text{ベンチマークの収益率}}{\text{トラッキングエラー}}$$

6 時間加重収益率

　パフォーマンス測定のための収益率のひとつが時間加重収益率である。運用期間中のキャッシュフロー（資金の流出入）の影響を勘案しない収益率をいう。時間加重収益率は、キャッシュフローの流入と流出をコントロールできないファンドマネージャーの評価に適している。さまざまな計算方法があるが、厳密法の計算式は以下のとおりである。

$$\text{時間加重収益率（\%）} = \left[\sqrt[t_n]{\frac{V_1}{V_0} \times \frac{V_2}{V_1 + C_1} \times \cdots \times \frac{V_n}{V_{n-1} + C_{n-1}}} - 1 \right] \times 100$$

V_0：測定期間における期首のポートフォリオの時価

V_n：測定期間における期末のポートフォリオの時価

V_i：測定期間中 i 回目のキャッシュフロー発生直後のファンドの時価

t_n：測定期間

C_i：測定期間中 i 回目のキャッシュフロー

■計算例

　当初時価総額が100万円のポートフォリオにおいて、2期分の期末時価総額が以下のとおりで、第1期末に20万円の資金流入があった場合、時間加重収益率（厳密法）はいくらか（小数点以下第3位四捨五入）。

（単位：万円）

	当初	第1期末	第2期末
時価総額	100	120	160
資金流入額	－	20	－

【解　答】

$$\left[\sqrt[2]{\frac{120}{100} \times \frac{160}{120 + 20}} - 1 \right] \times 100 = 17.108\cdots \rightarrow 17.11\%$$

7 行動ファイナンス

　従来の経済学は、「人は常に利益の追求のため合理的に行動する」という前提で成り立っている。しかし、実際の人間は心理面などから時として非合理的な行動をするという「行動経済学」に基づく投資理論を行動ファイナンスという。行動ファイナン

スにおける意思決定理論として、以下のようなものがある。

■行動経済学における意思決定理論

- ・利益が出ている局面ではリスク回避的になるのに対し、損失が出ている局面では
リスク追求的になる反転効果の傾向がある（プロスペクト理論）
- ・ある選択をしたことによって実際に支出した費用に比べて、他の選択をしていれ
ば得られたであろう利益（機会費用）を軽く捉える傾向がある
- ・ある選択をする場合、選択前にすでに支払っていた費用が、その後の選択に影響
を及ぼす傾向がある
- ・損失を避けようとする習性があるため、投資した金額よりも利益が出た場合、そ
の後さらに利益が出る可能性があったとしても、早めに売ってしまう傾向がある
（プロスペクト理論）
- ・最初に提示された価格などの値が、妥当な水準から大きく外れている場合、その
後の価格変動には適切に反応できないことがある
- ・価値（効用）を判断するにあたって、価値（効用）の絶対的な水準よりも利益と
損失の判断を分ける基準点からの変化の大きさによって価値（効用）を決定する
傾向がある

チェックテスト

(1) 期待収益率とは、生起確率でウエイト付けしたリスクの総和である。

(2) 分散と標準偏差は、ともに分散投資されたポートフォリオのリスク指標として用いられ、分散の平方根が標準偏差である。

(3) 収益率の散らばり度合いが正規分布していると仮定した場合、理論上、収益率は約2分の1の確率で「期待収益率（平均値）±標準偏差」の範囲内に収まる。

(4) ポートフォリオのリスクは、アンシステマティックリスクとシステマティックリスクに分けられるが、分散投資によってもシステマティックリスクをゼロにすることはできない。

(5) ポートフォリオのリスクは、組入資産間の相関係数が－1でない限り、組入資産のリスクの加重平均を下回る。

(6) 2資産間の相関係数は、両資産の共分散に、それぞれの資産の標準偏差を乗じたものである。

(7) 資本資産評価モデル（CAPM）では、β（ベータ）が高いほど、そのポートフォリオの価格変動は市場全体の価格変動に比べて大きく、リスクが高いといえる。

(8) 資本資産評価モデル（CAPM）によるポートフォリオの期待収益率の算出にあたって、安全資産利子率は、一般に、当該ポートフォリオに組み入れる資産の過去の平均収益率を用いる。

(9) シャープ・レシオは、ポートフォリオの収益率をポートフォリオの標準偏差で除して算出する。

(10) トレイナーの測度は、株式ポートフォリオと債券ポートフォリオのような市場が異なるポートフォリオ同士の比較に適している。

解答

(1)	×	(2)	○	(3)	×	(4)	○	(5)	×
(6)	×	(7)	○	(8)	×	(9)	×	(10)	×

第9章

金融商品と税金

過去の出題状況	2022.5	2022.9	2023.1	2023.5	2023.9	2024.1
株式	☆	☆	☆			☆
債券						
投資信託					☆	
外貨建金融商品					☆	

1. 株式の課税関係

　2024年より新しいNISAが開始され、利益が非課税となる制度が恒久的に整備された。

2. 債券の課税関係

　特定公社債は、国債や公募公社債投資信託などであり、申告分離課税となる。

3. 投資信託の課税関係

　課税関係は株式と同様であるが、収益分配金は異なるので注意してほしい。

4. 外貨建金融商品の課税関係

　外貨預金は、為替予約の有無によって課税関係が異なる。

1 株式の課税関係

1 配当課税

　株式等の配当等は、配当所得として支払いのつど税額が源泉徴収され、確定申告によって精算する。配当所得は原則として総合課税となるが、上場株式等※の配当所得は申告分離課税を選択することもできる。なお、一定の要件の下、源泉徴収のみで申告不要にできる。

※　上場株式の他、上場転換社債、外国市場上場株式、ETF（上場投資信託）、J-REIT（上場不動産投資信託）、公募株式投資信託などが該当。

（1）配当所得の金額

> 配当所得の金額 ＝ 収入金額 － 株式等を取得するための負債の利子※
> ※　申告不要制度を適用した場合には、控除できない。

（2）源泉徴収税率

　上場株式等の配当等に対する源泉徴収税率は、20.315％である。ただし、大口株主（発行済株式総数の３％以上を所有する株主）が受け取る上場株式等の配当等や非上場株式等の配当等は、所得税のみ20.42％の税率で源泉徴収される。

上場株式等	大口株主以外	20.315％ 所得税15％ 復興特別所得税0.315％ 住民税５％
	大口株主	所得税のみ20.42％ （住民税は源泉徴収なしの総合課税）
非上場株式等		

（3）申告不要制度

　配当所得は、原則として確定申告が必要であるが、上場株式等の配当等（大口株主が受けるものを除く）は、その金額にかかわらず申告不要。すなわち、源泉徴収だけで課税関係を終了させることができる。

　なお、大口株主が受ける上場株式等の配当等や非上場株式等の配当等は、少額配当（年１回配当の場合は10万円以下）に限り確定申告不要とできる。

（4）上場株式等の配当所得の申告分離課税

　上場株式等の配当等（大口株主を除く）については、総合課税のほか、申告分離課税を選択することができる。申告する場合には、申告する上場株式等の配当等の全額について、総合課税と申告分離課税のいずれかを選択する必要がある（銘柄ごとに申

告方法を選択することはできない）。

①　税率

20.315％である。

②　上場株式等に係る譲渡損失との損益通算

上場株式等に係る譲渡損失の金額がある場合は、申告分離課税を選択した上場株式等の配当所得の金額と損益通算できる。

（5）配当控除

配当所得について、**総合課税**を選んだ場合は、所得税・住民税の算出税額から配当控除の適用を受けることができる。源泉徴収のみで申告不要とした配当等と、申告分離課税を選択した配当等は、配当控除の適用を受けられない。上場株式の配当に係る配当控除率（配当所得の金額に乗ずる率）は次のとおりである。

	所得税	住民税
課税総所得金額等が1,000万円以下の部分	10%	2.8%
課税総所得金額等が1,000万円超の部分	5%	1.4%

■上場株式等の配当等に関する課税関係のまとめ

	確定申告をする		確定申告をしない（申告不要制度）
	総合課税を選択	申告分離課税を選択	
負債利子の控除	○	○	×
税率	累進税率	20.315%	20.315%
配当控除	○	×	×
上場株式等の譲渡損失との損益通算	×	○	×※

※　源泉徴収ありの特定口座に受け入れた上場株式等の配当等は、特定口座内において上場株式等の譲渡損失と損益通算され、申告不要にできる。

2 譲渡益課税

株式等の譲渡益は、譲渡所得となり、1年間の譲渡損益を通算した後、確定申告して納税する申告分離課税である。ただし、特定口座のうち源泉徴収選択口座を選択した譲渡は、源泉徴収のみで申告不要とすることができる。

（1）税率

20.315％である。

（2）上場株式等の譲渡損失の繰越控除

上場株式等の譲渡損失は、翌年以降3年間にわたり、確定申告により、株式等に係る譲渡所得等の金額および上場株式等に係る配当所得（申告分離課税を選択したもの）の金額から繰越控除することができる。

(3) 特定口座制度

　特定口座内における上場株式等の譲渡による譲渡所得等の金額については、特定口座外で譲渡した他の株式等の譲渡による所得と区分して計算する。特定口座の計算は金融機関が行い、投資家は、金融機関から翌年の1月31日までに送られる「特定口座年間取引報告書」により、簡単に申告（簡易申告口座）ができる。

　また、特定口座内（源泉徴収選択口座）で生じる所得は、譲渡のつど、譲渡益からは税額が源泉徴収され、譲渡損失の場合は税額が還付される。

　確定申告は要しないが、他の口座での譲渡損益と損益通算する場合や、上場株式等に係る譲渡損失を繰越控除する特例の適用を受ける場合には、確定申告を行う。

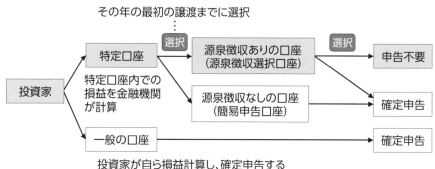

① 源泉徴収選択口座の源泉徴収税率
　　20.315%である。
② 源泉徴収選択口座内で受け入れた配当等と譲渡損失との損益通算
　　上場株式等の配当等（大口株主が受けるものを除く）は、源泉徴収選択口座に受け入れることができる。
　　その源泉徴収選択口座内において上場株式等の譲渡損失の金額があるときは、年末に一括して配当等の金額と損益通算される。配当等から譲渡損失の金額を控除した金額に対して源泉徴収税率を適用して税額を計算をする。

(4) 株式等に係る譲渡所得等の区分

　株式等に係る譲渡所得等は、「上場株式等に係る譲渡所得等」と「一般株式等に係る譲渡所得等」に区分される。上場株式等と一般（非上場）株式等との間で、譲渡損益の通算をすることはできない。

❸ 非課税口座内の少額上場株式等に係る配当所得および譲渡所得等の非課税措置（NISA）

　旧NISAには、一般NISA、ジュニアNISA、つみたてNISAの3種類があったが、2024年に新しい制度に変更された。

　ジュニアNISAは廃止されたが、一般NISAとつみたてNISAについては、それぞれの非課税期間が終わるまで旧NISA口座で保有できる。2024年からのNISAへ預替える

ことはできない。

（1）2024年からのNISA

　2023年度税制改正において、NISAの拡充・恒久化を目的として、2024年から新しいNISAが創設された。「つみたて投資枠」と、「成長投資枠」の2種類があり、両者は併用可能である。

　なお、つみたて投資枠が120万円に設定されるのに伴い、クレジットカードでの投資信託の購入上限額が2024年以降、5万円から10万円に改正された。

	つみたて投資枠	成長投資枠
制度利用可能者	その年の1月1日において18歳以上の居住者等	
年間非課税投資額	120万円	240万円
	併用可能（最大360万円）	
非課税期間	無期限	
生涯非課税限度額（総枠）	1,800万円 （注）簿価残高（買付残高）方式で管理（売却部分の枠の再利用が可能）	
		1,200万円（内数）
投資可能期間	無期限	
投資対象商品	積立・分散投資に適した一定の公募株式投資信託・ETF（旧つみたてNISAと同様）	上場株式・公募株式投資信託・ETF・REIT （注）高レバレッジ投資信託、毎月分配型投資信託などは除外
投資方法	定期かつ継続的な方法で投資	制限なし
旧制度との関係	旧の一般NISAおよびつみたてNISA制度において投資した商品は、新しい制度の外枠で、旧制度における非課税措置を適用 （注）非課税期間終了後、旧制度から新しい制度へのロールオーバーは不可	

※年間非課税投資額は、売却部分の枠は再利用不可。
※売却部分の枠の再利用ができるのは、売却した年の翌年に非課税保有株を再利用できる。
※金融機関の変更は可能である。
※利用者それぞれの生涯非課税限度額は、国税庁において一括管理を行う。

　なお、NISA口座内における譲渡損失は、所得税および住民税の計算上なかったものとみなされる。

2 債券の課税関係

1 特定公社債と一般公社債の分類

債券は特定公社債と一般公社債に分類され、別の課税体系となっている。**特定公社債**とは、**国債、地方債、外国国債、外国地方債、公募公社債、上場公社債**などを指し、**公募公社債投資信託**も含める。一般公社債は特定公社債以外の私募債などを指す。特定公社債と一般公社債の譲渡損益等は通算できない。

（1）特定公社債

特定公社債は、上場株式等に含まれ、利子、譲渡益、償還差益についてすべて特定口座に預け入れることができる（利子は源泉徴収選択口座に限る）。

利 子	譲渡益	償還差益	上場株式等との損益通算
20.315％申告分離課税			できる

（2）一般公社債

一般公社債は、一般株式等に含まれ、特定口座に預け入れることができない。

利 子※	譲渡益	償還差益※	上場株式等との損益通算
20.315％源泉分離課税	20.315％申告分離課税		できない

※ ただし、同族会社が発行した社債の利子と償還差益は、同族株主が支払いを受けるものは、総合課税の対象となる。

2 特定公社債

（1）利子

利子所得として20.315％が源泉徴収され、申告分離課税となるが、申告不要を選択できる。

（2）譲渡益・償還差益

上場株式等の譲渡所得等として20.315％の申告分離課税となる。

（3）損益通算および繰越控除

特定公社債の譲渡損失や償還差損は、特定公社債の利子、上場株式等の配当等や譲渡益との損益通算できる。控除しきれない損失は、翌年以後、3年間にわたり繰越控除することができる。

3 投資信託の課税関係

■1 公社債投資信託（公募）

特定公社債等として、申告分離課税となる。

収益分配金	利子所得として、支払時に20.315％が源泉徴収され、申告不要または申告分離課税を選択する。
解約・買取・償還差益	上場株式等の譲渡所得等として、上場株式と同様。

■2 株式投資信託（公募）

収益分配金	普通分配金は、配当所得として上場株式と同様。元本払戻金（特別分配金）は非課税である。
解約・買取・償還差益	上場株式等の譲渡所得等として、上場株式と同様。

■3 ETF、J-REIT

分配金、譲渡損益のいずれも、上場株式と同様の扱いとなる。ただし、J-REIT（上場不動産投資信託）の分配金は、配当控除の対象とならない。

4 外貨建金融商品の課税関係

1 外貨預金

日本国内に所在する金融機関に預け入れられた外貨預金の課税関係は、以下のとおりである。

（1）利子

利子所得として20.315％の源泉分離課税となる。

（2）為替差益

元本部分の為替差益は雑所得として総合課税となる。ただし、預入時に満期時の為替先物予約をした場合は、為替差益も含めて20.315％源泉分離課税となる。

	利子	為替差益
為替先物予約を締結しない場合	20.315％源泉分離課税	雑所得
預入期間中に為替先物予約を締結した場合		
預入時に為替先物予約を締結した場合	20.315％源泉分離課税	

2 外国債券

国内債券と同様に特定公社債と一般公社債に区分して課税される。

3 外国株式

（1）配当金

原則として、外国で源泉徴収されたあとの金額に対して、国内において源泉徴収される。国内での課税方法は国内株式と同様の扱いとなる。

ただし、総合課税を選択して確定申告しても、国内株式とは異なり配当控除は適用されず、代わって外国税額控除が適用される。

（2）譲渡益

原則として、国内株式の譲渡益と同様の扱いとなる。

4 外国投資信託

会社型外国投資信託は外国株式と同様の扱いとなり、契約型外国投資信託は原則として国内投資信託と同様の扱いとなる。

外貨建MMF（特定公社債等に該当）の為替差益は譲渡益とされ、20.315％の申告

分離課税となる。

(1) 上場会社の大口株主（発行済株式総数の３％以上を保有）が、その上場会社から配当を受ける場合、その配当については所得税のみが源泉徴収される。

(2) 上場株式の配当に係る配当所得（大口株主を除く）について申告分離課税を選択した場合、その配当所得は、上場株式の譲渡損失と通算することができるが、配当控除を適用することはできない。

(3) 上場株式の譲渡損失の金額と非上場株式の配当に係る配当所得の金額は、確定申告することにより、損益を通算することができる。

(4) 2024年以降の新しいNISA制度では、「つみたて投資枠」と「成長投資枠」のどちらも併用して投資することが可能であり、非課税期間は無期限である。

(5) NISA口座で保有する上場株式等の譲渡損失については、他の口座の上場株式等の配当等や譲渡益と損益通算することができる。

(6) 2024年以降のNISAにおいて、つみたて投資枠の中で購入することができる金融商品は、所定の要件を満たす公募株式投資信託、ETF（上場投資信託）およびJ-REIT（上場不動産投資信託）であり、上場株式は対象とならない。

(7) 公募追加型株式投資信託における収益分配金は、配当所得として課税対象となる普通分配金と非課税となる元本払戻金（特別分配金）に区分される。

(8) 居住者が受ける外貨預金の為替差損は、原則として他の総合課税の対象となる雑所得の金額と通算できる。

(9) 居住者が特定公社債を譲渡した場合に係る譲渡益は、総合課税の対象となる。

(10) 居住者が受け取る外貨建MMFの為替差益は、雑所得とされている。

解答

| (1) ○ | (2) ○ | (3) × | (4) ○ | (5) × |
| (6) × | (7) ○ | (8) ○ | (9) × | (10) × |

第**10**章

セーフティネット

過去の出題状況	2022.5	2022.9	2023.1	2023.5	2023.9	2024.1
預金保険制度					☆	☆
その他のセーフティネット						☆

1．預金保険制度

対象金融機関の破綻時には、決済用預金は全額保護され、一般預金等は元本1,000万円までとその利息等が保護される。

2．その他のセーフティネット

農水産業協同組合が加入している農水産業協同組合貯金保険制度や、証券会社が加入している投資者保護基金がある。

1 預金保険制度

1 預金保険制度の仕組み

　預金保険制度は、金融機関が破綻した場合に、預金者等の保護や資金決済の履行の確保を図ることによって、信用秩序を維持することを目的としている。

2 預金者保護の方法

　金融機関が破綻した場合の具体的な預金者保護の方法としては、**保険金支払方式（ペイオフ方式）**と**資金援助方式**がある。いずれの方式が選択されても、後述する預金保護の範囲は変わらない。

　なお、資金援助方式を優先し、保険金支払方式の発動はできるだけ回避すべきとされている。

保険金支払方式	預金保険機構が預金者に直接保険金を支払う方式。破綻金融機関が持っていた機能（預金等の受入れ・払出し・貸付け・決済サービス等）は消滅する。
資金援助方式	譲受金融機関に、付保預金（預金保険で保護される預金）等を引き継ぐ方式。破綻金融機関が持っていた機能は継続される。

3 預金保険の対象となる金融機関

　日本国内に**本店**のある、以下の対象金融機関は、預金保険制度への加入が義務付けられている。なお、これらの**海外支店**、**外国銀行の在日支店**は預金保険制度の加入対象外である。

対象金融機関	対象とならない金融機関
・銀行（日本国内に本店のあるもの） ・信用金庫 ・信用組合 ・労働金庫 ・信金中央金庫 ・全国信用協同組合連合会 ・労働金庫連合会等	・左記金融機関の海外支店 ・外国銀行の在日支店 ・政府系金融機関 ・保険会社 ・証券会社 ・農林中央金庫、農協、漁協、水産加工協等

4 預金保険制度の対象となる預金等（付保預金）

対象商品（付保預金）	対象外商品
・預金（右記の預金を除く） 　当座預金／普通預金／通知預金 　納税準備預金／貯蓄預金 　定期預金／別段預金 ・定期積金 ・掛金 ・上記を用いた積立・財形貯蓄商品・確定拠出年金の運用に係る預金等	・外貨預金 ・譲渡性預金 ・無記名預金 ・他人名義預金 　（架空名義預金を含む） ・金融機関の預金 ・投資信託　など

　仕組預金（デリバティブ取引を組み込んだ預金商品）は、元本は対象となるが、利息等の一部は対象外となる。

5 預金等の保護の範囲

（1）決済用預金

　決済用預金は、預入金額にかかわらず、**全額保護**される。決済用預金とは、次の3条件をすべて満たしたものをいい、当座預金、無利息型普通預金、ゆうちょ銀行の振替口座（振替貯金）などが該当する。

- ・無利息
- ・要求払い（預金者の要求にしたがいいつでも払戻しができること）
- ・決済サービスを提供できること（引き落とし等ができる口座であること）

（2）決済用預金以外（一般預金等）

　1金融機関ごとに預金者1人当たり**元本1,000万円**までとその利息等が保護される。それを超える部分については、破綻金融機関の財産の状況に応じて支払われる。

　なお、金融機関が合併を行ったり、営業（事業）のすべてを譲り受けた場合には、その後1年間に限り、「1,000万円×合併等に関わった金融機関の数」による金額までとその利息等が保護される。

6 名寄せ（同一金融機関に複数の口座がある場合）

　個人、法人、権利能力なき社団・財団は、個々に「1預金者」として扱われるが、それ以外の団体（任意団体）は1預金者として扱えないため、各構成員の預金等として分割され、各個人の預金等として名寄せされる。

家族名義の預金	名義が異なれば別の預金者として扱われるが、家族の名義を借りたにすぎないものは他人名義預金として預金保険の対象外となる。
死亡した人の預金	〈破綻前に死亡した場合〉 相続分が確定している場合、死亡した人の預金等は相続人の預金等として相続分に応じて分割の上、各相続人の他の預金等と名寄せされる。相続分が未確定のときは、各相続人の預金等のみで名寄せし、その後、相続分が確定した時点で被相続人の預金を含めて名寄せする。 〈破綻後に死亡した場合〉 死亡した人の預金等として名寄せされる。

7 付保預金額の算定

1預金者の預金等を合算した結果、一般預金等が元本1,000万円を超え、かつ、複数の預金等が存在する場合、次の優先順位で元本1,000万円を特定する。

　① 担保権の目的となっていないもの

　② 満期の早いもの（満期がないものが最優先）

　③ 満期が同じ預金等が複数ある場合は、金利の低いもの

なお、確定拠出年金の積立金の運用に係る預金等がある場合、加入者個人の預金等が優先される。

8 仮払金の支払い

金融機関が破綻した場合、預金者への保険金や払戻金が確定する前に、暫定的に普通預金（元本のみ）について、1口座につき60万円を上限に、仮払金が支払われることがある。

9 相　殺

預金者が破綻金融機関に対して借入金等を有している場合には、預金等の債権により借入金の債務を相殺できることがある。　預金者が相殺を行うためには、民法および預金規定・借入約定等に基づいて、預金者側から破綻金融機関に対して所定の手続きをとって、相殺をする旨の意思を表示する必要がある。

2 その他のセーフティネット

1 農水産業協同組合貯金保険制度

農水産業協同組合（JA等）は、農水産業協同組合貯金保険制度に加入している。制度の仕組み、保護の内容は、**預金保険制度と同様**である。したがって、決済用貯金は全額、一般貯金等は貯金者1人当たり元本1,000万円までとその利息等が保護される。

2 投資者保護基金

金融商品取引法上、国内で営業を行うすべての**証券会社**（第一種金融商品取引業者）は投資者保護基金に加入することが義務付けられている。

証券会社は、顧客から預託された有価証券・金銭（株式の信用取引に係る委託保証金・代用有価証券を含む）については、法律により、証券会社固有の財産とは分けて管理しなければならない。ただし、経営破綻時に、顧客の有価証券・金銭を返還できない場合には、投資者保護基金が金銭により補償を行う。上限額は、**一般顧客1人につき1,000万円**である。なお、適格機関投資家、国、地方公共団体等は、補償の対象とならない。

(1) 日本国内に本店を有する銀行に預け入れた外貨預金は、他の預金と合計し、元本1,000万円までとその利息が預金保険制度の保護の対象となる。

(2) 2行の国内銀行が合併した場合、その後1年間に限り、合併後の銀行に預け入れた一般預金等について、預金者1人当たり元本2,000万円までとその利息等が預金保険制度の保護の対象となる。

(3) 銀行に利息が付される普通預金が1,500万円あり、その銀行から住宅ローンを600万円借り入れている場合、この銀行が破綻しても自動的に債権債務が相殺され、1,500万円全額が保護される。

(4) 「無利息、要求払い、決済サービスを提供できる」という要件を満たす決済用預金は、金額にかかわらず、全額、預金保険制度の保護の対象となる。

(5) 日本国外に本店を有する銀行の在日支店に預け入れた円貨の普通預金は、一定の範囲のものについては、預金保険制度の保護の対象になる。

(6) 日本国外に本店を有する銀行の在日支店に預け入れた外貨預金は、一定の範囲のものについては、預金保険制度の保護の対象になる。

(7) 金融機関が破綻し、ペイオフが実施された場合、同一金融機関に預金が複数あり、その元本の合計が1,000万円を超えている場合には、預金者はどの預金から払戻しを受けるかを選択できる。

(8) 外国企業が全額出資する金融機関の場合、日本国内に本店を有し、かつ、銀行法上の銀行であっても、その金融機関に預け入れられた普通預金等は、原則として預金保険制度の対象とならない。

(9) 破綻金融機関に預け入れられていた普通預金については、当該預金者への払戻金が確定する前に、暫定的に1口座当たり50万円を上限に仮払金が支払われることがある。

(10) 農業協同組合に預け入れた決済用貯金は、預金保険制度の保護の対象とはならないが、元本の額にかかわらず、全額が農水産業協同組合貯金保険制度の保護の対象となる。

解答

(1) ×	(2) ○	(3) ×	(4) ○	(5) ×
(6) ×	(7) ×	(8) ×	(9) ×	(10) ○

第**11**章

関連法規

過去の出題状況	2022.5	2022.9	2023.1	2023.5	2023.9	2024.1
金融商品取引法				☆		
消費者契約法					☆	
金融サービス提供法		☆				
個人情報保護法			☆			
犯罪収益移転防止法						
預貯金者保護法	☆					
金融ADR制度						

1. 金融商品取引法

金融商品取引法では、主に投資性の強い金融商品に対する投資家保護制度の構築を図っている。

2. 金融サービス提供法

2024年4月より金融経済教育推進機構が設立され、金融投資に関する教育体制の整備が行われた。

3. 消費者契約法

消費者契約法は、個人を対象にして誤認または困惑して契約を申し込んだ場合に取消しができる。

4. 個人情報保護法

個人情報取扱事業者は、取り扱う個人情報の人数に関わらず、法令上の義務規定を遵守しなければならない。

5. 犯罪収益移転防止法

犯罪収益移転法は、マネーロンダリングなどの防止を目的として、取引時に必要な確認を行わなければならない。

6. 預貯金者保護法

預貯金者保護法は、所有者の過失の程度などにより、保護される範囲が異なる。

7. 金融ADR制度

金融ADR制度では、裁判以外の方法で早期に低コストで解決を行うことを目指している。

1 金融商品取引法

1 金融商品取引法

金融商品取引法では、金融商品取引業者等が有価証券・デリバティブ商品の販売・勧誘を行う際の行為規則が定められている。投資性の強い預金や保険は、金融商品取引法の規制対象ではないが、金融商品取引法と同等の販売・勧誘ルールが適用される。金融商品仲介業者もこの法律の対象となる。

金融商品取引法等の一部を改正する法律の概要では、デジタル化の進展等の環境変化に対応し、金融サービスの顧客等の利便の向上及び保護を図るため、「顧客本位の業務運営・金融リテラシー」、「企業開示」等に関する制度が整備された。

2 金融商品取引業者等の行為規制

（1）広告規制

広告その他これに類似する行為をする場合には、金融商品取引業者である旨と登録番号を記載する。リスク情報については、広告で使用される最も大きな文字・数字と著しくは異ならない大きさで記載しなければならない。また、利益の見込みについて、著しく事実に相違する表示や著しく人を誤認させる表示をしてはならない。

（2）契約締結前の書面（電磁的方法）交付義務

契約締結前交付書面には、契約の概要、リスク、手数料等などについて記載しなければならない。特に重要な事項については、12ポイント以上の大きさの文字・数字を用いて明瞭・正確に記載しなければならない。

※　契約締結前交付書面または電磁的方法により、顧客に対して内容の説明を行わなければならない。

※　当該義務は、一般投資家に対しては、投資家から「書面（電磁的方法を含む）の交付は不要である」旨の意思表示があっても免除されない。

（3）契約締結時の書面交付義務

取引が成立したときには、遅滞なく契約締結時交付書面を顧客に交付しなければならない。

（4）断定的判断の提供の禁止

将来の価格など確実でない事項について確実であると誤解させる判断を提供することは、禁止されている。

（5）損失補てんの禁止

損失保証、利回り保証、損失補てんの実行は禁止されている。

（6）適合性の原則

　顧客の知識、経験、財産の状況、契約締結の目的に照らして、不適当な勧誘を行い
投資者保護に欠けることがあってはならない。

3 インサイダー（内部者）取引規制

　上場会社の会社関係者が、当該会社の重要事実（投資者の投資判断に重要な影響を
及ぼす情報）を知りながら、その情報が公表される前に当該会社の株式等を売買する
ことは禁止されている（贈与や相続による取得は対象外）。利益が少額な場合や損失
が生じた場合でも規制違反である。

※　会社関係者でなくなってから1年以内の者も規制の対象となる。

■規制の対象とならない取引

- ・新株引受権（ストックオプション）の行使による株式の取得
- ・相続や贈与による取得
- ・定時株主総会に基づく会社の自己株式の取得　など

4 特定投資家制度

　金融商品取引法では、投資家を、知識・経験・財産等の属性により、**特定投資家**
（プロ）と一般投資家（アマ）に区分し、この区分に応じて業者の行為規制の適用に
差異を設けている。特定投資家には、**適格機関投資家**等が該当する。

　顧客が特定投資家である場合には、以下のように、情報格差の是正を目的とする行
為規制は**適用除外**とされる。

- ・広告規制
- ・契約締結前の書面交付義務
- ・契約締結時の書面交付義務
- ・適合性の原則　　など

5 決算短信

　上場企業は、2024年4月1日以降、これまでの四半期報告書が廃止され、半期報告
書に変更され、かつ四半期決算短信を提出することになった。

　これにより、第2四半期報告書は半期報告書として、第1・第3四半期報告書は四
半期決算短信に一本化された。

　なお、半期報告書の公衆縦覧期間は3年から5年に延長されている。

2 金融サービス提供法

1 金融サービス提供法

旧金融商品販売法は、金融商品販売上のトラブルを防止するため、顧客保護を目的として2001年4月に施行され（民法の特別法）、改正により、2021年11月に金融サービス提供法として全面的に施行された。

2 保護される顧客

個人および事業者（特定顧客※を除く）

※ 特定顧客とは、金融商品取引法上の特定投資家（プロ）のことである。

3 対象金融商品

対象金融商品	預貯金、金銭信託、投資信託、有価証券、保険・共済、抵当証券、商品ファンド、デリバティブ取引（大阪取引所の商品関連市場デリバティブ取引を含む）、外国為替証拠金取引、海外商品先物取引、暗号資産など
対象とならない金融商品	上記を除く国内商品先物取引（商品先物取引法で規制） （注）金地金、ゴルフ会員権、レジャー会員権などは金融商品ではないため対象外である。

4 重要事項の説明義務

金融商品販売業者は、金融商品を販売する際には、金融商品が持っているリスク等の重要事項について説明する義務がある。

（1）重要事項

① 信用リスク

　金融商品販売業者の業務や、財産の信用状況の変化によって元本割れのおそれがあること。

② 価格変動リスク

　金利・為替・株式相場など市場変動によって元本割れが生じるおそれがある商品の場合は、元本割れがあることとその直接の原因となる指標。当初元本を上回る損失が生ずるおそれがあるときはその旨。

③ 取引の仕組みのうちの重要部分

④ 権利行使期間の制限または解約期間の制限

(2) 説明義務

　金融商品販売業者による説明は、顧客の知識、経験、財産の状況および契約締結の目的に照らして、顧客に理解されるために必要な方法および程度によるものでなければならない（適合性の原則）。

(3) 重要事項の説明をする必要がない場合

・顧客が、特定顧客の場合
・顧客が重要事項についての説明が不要である旨の意思を表明した場合（商品関連市場デリバティブ取引を除く）
・同一顧客に対して、複数の金融機関が同一の金融商品を販売するときに、いずれかの金融機関が重要事項の説明を行っていた場合

5 断定的判断の提供の禁止

　不確実な事項について断定的判断を提供し、または確実であると誤認させるおそれのあることを告げる行為は禁止される。なお、この規定は特定顧客にも適用される。

6 損害賠償責任

　金融商品販売業者が重要事項の説明義務を怠ったこと、または、断定的判断の提供により、顧客が損害を被った場合には、顧客は**損害賠償**を請求できる。その場合、**元本欠損額**が損害額として推定される。

　なお、民法の原則どおり**立証責任は顧客**にある。しかし、顧客は金融商品販売業者が重要事項の説明義務を怠ったことだけを立証すれば損害賠償請求できる。すなわち、顧客の立証責任を金融商品販売業者に転嫁しており、顧客の立証責任の軽減が図られている。

7 勧誘方針の策定と公表

　金融商品販売業者は、金融商品の販売等に係る勧誘を適正に行わなければならない。また、あらかじめ次の事項について勧誘方針を定め、公表しなければならない。

・顧客の知識や経験および財産の状況に配慮する。
・勧誘方法や勧誘の時間帯などに配慮する。
・勧誘の適正化に配慮する。

8 金融サービス仲介業

　金融サービス仲介業ができる前は、銀行・証券・保険すべてのサービスについて仲介しようとした場合、それぞれの分野ごとに許可・登録を受ける必要があった。近

年、多種多様な金融サービスのワンストップでの提供に対するニーズが高まっている
ため、金融サービス仲介業では、1つの登録（内閣総理大臣）によりワンストップで
金融サービスが提供可能となっている。

　金融サービス仲介業とは、預金等媒介業務、保険媒介業務、有価証券等仲介業務、
貸金業貸付媒介業務のいずれかを業として行うことをいうが、顧客に対し高度に専門
的な説明を必要とする金融サービスは除外される。また、利用者に被害等が生じた場
合に備え、損害賠償資力を確保する必要があることから、金融サービス仲介業者に
は、保証金の供託義務がある。

9 金融経済教育推進機構の設立

　2024年4月に金融経済教育推進機構が設立された。金融経済教育推進機構とは、「資
産所得倍増プラン」を踏まえ、金融サービスの顧客等の利便の向上と保護を図るた
め、金融経済教育を官民一体となって推進するための機構である。

10 顧客等に対する誠実・公正な業務の遂行義務

　改正金融サービス提供法により、金融サービスを提供する事業者および企業年金等
の実施者に対して、横断的に、顧客等の最善の利益を勘案しつつ、顧客等に対して誠
実かつ公正に業務を遂行する義務を負うことが新設された。

3 消費者契約法

1 消費者契約法

消費者契約法は、消費者と事業者間の契約上のトラブルに関して、消費者の利益の保護を図ることを目的として2001年4月に施行された（民法の特別法）。

2 保護される顧客

個人（事業の契約者を除く）

3 消費者契約の申込み等の取消し

事業者が行った不適切な行為（不実告知、過量契約、断定的判断の提供、不利益事実の不告知、不退去、退去妨害、退去困難な場所への同行、威迫する言動を交えて相談の連絡を妨害など）により、消費者が誤認または困惑して消費者契約を申し込んだ場合、消費者はその契約の申込みを取り消すことができる。

4 消費者契約における不当条項の無効

消費者契約法では、通常、消費者と事業者との間に情報量および交渉力の格差があることを踏まえて、消費者にとって一方的に不利な条項（不当条項）がある場合には、その条項を無効としている。

■不当条項

- ・事業者の損害賠償責任を免除する条項
- ・事業者の債務不履行等の場合でも、消費者の解除権を放棄させる条項
- ・契約の解除に伴い消費者が支払う損害賠償の額を予定する条項（平均的な額を超える部分）
- ・消費者の利益を一方的に害する条項

2023年の法改正では、取消権の追加、説明の努力義務の拡充、免責範囲の不明確な条項の無効、事業者の努力義務が新設された。

5 説明の努力義務

消費者契約法では、事業者と消費者の契約において、遅延損害金の利率を定める場合の上限は年率14.6%となっている。2023年の法改正では、消費者から説明を求められた際、解約料の算定根拠を説明する努力義務を事業者に求めた。

■解約料の説明の努力義務

- ・消費者に対し算定根拠の概要説明の努力義務
- ・適格消費者団体（公益社団法人全国消費生活相談員協会等）に対し算定根拠の説明の努力
  義務

6 立証責任

民法の原則どおり原告（消費者）に立証責任がある。

7 時　効

消費者の消費者契約の取消権は、消費者が追認をすることができるときから1年を経過すると時効により消滅する。また、契約締結時から5年を経過した場合も時効により消滅する。

8 消費者契約法と金融サービス提供法の比較

	消費者契約法	金融サービス提供法
適法範囲	消費者と事業者の間で交わされる契約全般	金融商品販売に係る契約
保護の対象	個人 （事業の契約者を除く）	個人および事業者 （下記の①は特定顧客を除く）
法律が適用される場合	・重要事項に関して誤認させた ・困惑させる行為、不退去、監禁	①重要事項の説明義務に違反した ②断定的判断の提供を行った
法律効果	契約の取消し	損害賠償
立証責任	民法の原則どおり、原告に立証責任がある。	・重要事項の説明がなかったことは原告に立証責任がある。 ・「説明がなかったためまたは断定的判断が行われたために損害が発生したこと」「元本欠損額が損害額であること」は推定される。
併用	個人の場合、両法を併用して対処することが可能	

4 個人情報保護法

1 個人情報保護法

個人情報保護法は、個人情報取扱事業者が遵守すべき義務などを定めたもので、2005年4月に施行された。

2 個人情報

個人情報とは、**生存する個人の情報**をいい、氏名・住所・電話番号など**特定の個人を識別することができる情報**と、**個人職別符号**（マイナンバーなど）が含まれる情報をいう。

3 個人情報取扱事業者の義務

個人情報取扱事業者とは、取り扱う個人情報の数にかかわらず、**個人情報データベース等を事業活動に利用している者**をいう。なお、報道活動、著述活動、学術研究、宗教活動、政治活動が目的の場合は、義務規定は適用されない。義務規定の抜粋は次のとおり。

> ・利用目的をできるだけ特定し、あらかじめ本人の同意を得ないで、利用目的の達成に必要な範囲を超えて個人情報を取り扱ってはならない。
> ・個人情報の取得は適正に行い、取得した場合は速やかに本人に通知・公表などを行う。
> ・個人データを正確かつ最新の内容に保つ。
> ・個人データの安全管理を図り、従業員や委託先を監督する。
> ・原則、あらかじめ本人の同意を得ることなく個人データを第三者に提供しない。
> ※ オプトアウト規定（一定の要件のもと、事前に本人の同意がなくても個人情報の第三者提供を認めること）により個人情報を第三者に提供しようとする場合、所要事項を個人情報保護委員会に届け出る。個人情報保護委員会はその内容を公表する。
> ・要配慮個人情報（人種、信条、病歴など）の取得は、原則、あらかじめ本人の同意を得る（オプトアウトは禁止）。
> ・個人情報に対する苦情処理に努め、体制の整備に努める。

4 2022年4月改正点

（1）仮名加工情報

仮名加工情報（他の情報と照合しない限り特定の個人を識別することができないように加工された個人に関する情報）は、一定の要件のもと、開示・利用停止請求等への対応等の義務が緩和される。

(2) 短期保有データ

6カ月以内に消去されるデータも、保有個人データに含まれる。

(3) 利用停止・消去の請求

本人は、個人情報取扱事業者に対し、次の①～⑤に該当する場合、本人が識別される保有個人データの利用の停止・消去を請求することができる（改正により③～⑤が追加）。

① 目的外に利用した場合
② 不正の手段により取得した場合
③ 利用する必要がなくなった場合
④ 漏えい等が生じた場合
⑤ 本人の権利または正当な利益が害されるおそれがある場合

(4) 第三者への提供停止の請求

本人は、個人情報取扱事業者に対し、次の①～⑤に該当する場合、本人が識別される保有個人データの第三者への提供停止を請求することができる（改正により③～⑤が追加）。

① 本人の同意なく第三者に提供した場合
② 本人の同意なく外国にある第三者に提供した場合
③ 利用する必要がなくなった場合
④ 漏えい等が生じた場合
⑤ 本人の権利または正当な利益が害されるおそれがある場合

(5) 保有個人データの開示方法

従来、開示方法は書面に限定されていたが、原則として、本人が請求した方法（電磁的記録での提供も可）により開示しなければならない。

(6) 個人データの漏えい等の報告義務等

個人情報取扱事業者は、取り扱う個人データの漏えい等（個人の権利利益を害するおそれが大きいもの）が生じたときは、原則として、個人情報保護委員会に報告しなければならない。また、原則として、本人に対し通知しなければならない。ただし、本人への通知が困難な場合で、本人の権利利益を保護するため必要な代替措置をとるときは、免除される。

5 犯罪収益移転防止法

1 犯罪収益移転防止法

旧本人確認法は、犯罪組織等によるマネー・ローンダリング、テロ資金供与を防止する目的で2003年1月に施行され、改正により、2008年3月に犯罪収益移転防止法として全面的に施行された。

2022年12月の改正事項は、2024年6月までに全面施行される予定である。2023年6月1日施行分として、外国為替取引及び電子決済手段の移転に係る通知事項の追加、外国所在暗号資産交換業者との契約締結時の厳格な確認、暗号資産の移転に係る通知義務を課す規定が整備されている。

なお、2024年6月までに施行予定分として、士業者が行う取引時確認に係る確認事項の追加等がある。

2 取引時確認が必要な事業者と取引

事業者	取引時確認が必要な取引
金融機関等	・預貯金口座等の開設 ・200万円を超える現金取引 ・10万円を超える現金送金 など (注) 公共料金や入学金等を現金で振り込む際は、10万円を超える場合であっても本人確認書類の提示は不要。
ファイナンス・リース事業者	1回に支払うリース料が10万円を超えるファイナンス・リース契約の締結 (注) オペレーティング・リース取引は該当しない。
クレジットカード事業者	クレジットカード契約の締結
暗号資産交換業者	全体が犯罪収益移転防止法の規制対象となる特定業務に指定。トラベルルール（海外取引所からの送金等）などを含む。

3 取引時の確認事項

2018年11月の改正により、本人確認方法として、オンラインで完結する方法が整備されている。

① 本人特定事項
　　個人の場合、氏名・住居・生年月日。法人の場合、名称、所在地
② 取引を行う目的
③ 職業（個人の場合）・事業内容（法人の場合）
④ 実質的支配者（法人の場合、25%を超える議決権を有する者等）
⑤ 資産および収入の状況
　　ハイリスク取引※で、200万円を超える財産の移転を伴う場合に限る。
※ なりすましが疑われる取引等、マネー・ローンダリングのリスクの高い一定の取引

で、以下に該当する取引をいう。

・過去の契約の際に確認した顧客等または代表者等になりすましている疑いがある取引
・過去の契約時の確認の際に確認事項を偽っていた疑いがある顧客等との取引
・イラン・北朝鮮に居住、所在する者との取引
・外国PEPs（重要な公的地位にある者）との取引

4 記録の作成・保存

　事業者が取引にあたり確認を行った場合には、確認記録を作成し、7年間保存する必要がある。また、取引に関する記録についても作成し、7年間保存する必要がある。

6 預貯金者保護法

1 預貯金者保護法

　預貯金者保護法は、偽造キャッシュカードや盗難キャッシュカードによる被害が多数発生していることを背景に、2006年2月に施行された。本法の対象外である盗難通帳やインターネット・バンキングによる不正な引出しについては、全国銀行協会等において補償を行う旨のルールを設けている。

2 対象となる預貯金

　預貯金を取り扱うほぼすべての金融機関の預貯金が対象となり、これらの金融機関と預貯金等契約を締結する個人が保護の対象となる（法人は対象外）。

3 補償の内容

　現金自動預払機（ATM）を使用した偽造キャッシュカードや盗難キャッシュカードによる不正な引出しまたは借入れ（預貯金以外のものを担保とする借入れを除く）による被害について、預貯金者に過失がない場合には金融機関が全額補償する。ただし、預貯金者に過失がある場合には補償割合が低くなることや、補償されないこともある。なお、預貯金者の過失についての立証責任は金融機関にある。

　また、盗難キャッシュカードを用いて不正に行われたことについて金融機関が善意かつ過失がないときに、預貯金者の配偶者、二親等内の親族、同居の親族その他の同居人などによって払戻しが行われた場合には、金融機関は補償しなくてよい。

	偽造キャッシュカード	盗難キャッシュカード[*1]
重過失[*2]の場合	補償されない	補償されない
その他の過失の場合	100％補償	75％補償
過失がない場合	100％補償	100％補償

※1　金融機関への通知と捜査機関への届出が必要とされる。また、補償対象となるのは、被害を金融機関に通知した日から遡って30日までである。

※2　「他人に暗証番号を知らせた」「暗証番号をカード上に書いた」「カードを安易に第三者に渡した」などの注意義務違反に限定されている。

7 金融ADR制度

1 金融ADR制度

　金融ADR制度（金融分野における裁判外紛争解決制度）は、金融機関と利用者とのトラブル（紛争）を、業界ごとに設立された金融ADR機関において、裁判以外の方法で解決を図る制度である。裁判と比較して、簡便・低コスト・迅速な解決を図ることが可能となる。

2 金融ADR機関（指定紛争解決機関）

　全国銀行協会、信託協会、生命保険協会、日本損害保険協会、証券・金融商品あっせん相談センター（FINMAC）などがある。

3 紛争解決手続き

　利用者が金融ADR機関（指定紛争解決機関）に紛争解決手続きの申立てをした場合、金融機関は、利用者からの紛争解決手続きの申立てに応じなければならない。金融ADR機関は、紛争解決の申立てを受けた場合、紛争解決委員（金融分野に見識のある中立・公正な専門家）を選任する。紛争解決委員は、中立・公正な立場で和解案を策定して提示するが、金融機関は、その和解案を、原則として受け入れなければならない。

　紛争解決手続きの内容は、当事者間の和解成立前後を問わず、法令上、非公開とされている。

4 その他の業務

　金融ADR機関（指定紛争解決機関）は、紛争解決手続きの業務だけでなく、紛争に至らない苦情処理手続きの業務も担う。

(1) 金融商品取引法に規定されるインサイダー取引規制について、上場会社の職員が退職し、会社関係者でなくなったとしても、会社関係者でなくなってから1年以内の者は、会社関係者と同様に当該規制の対象とされる。

(2) 金融サービス提供法では、金融商品販売業者等に顧客に対する重要事項の説明義務等を課し、その違反により顧客に生じた損害の救済を図っている。

(3) 金融サービス提供法では、適格機関投資家等に対する業者の説明義務が免除されている一方、金融商品取引法では、適格機関投資家等に対する業者の説明義務は軽減されない。

(4) 金融商品販売業者等から断定的判断の提供を受けて購入した金融商品について元本割れが生じた場合、顧客は、消費者契約法に基づいて、元本欠損相当額の損害賠償を請求することができる。

(5) 消費者が事業者から断定的判断の提供を受け、誤認して金融商品の購入に関する契約を締結した場合、消費者は、消費者契約法により、当該契約を取り消すことができる。

(6) 消費者契約法による消費者の消費者契約の取消権は、消費者が追認をすることができる時から6カ月を経過したとき、あるいは消費者契約の締結時から5年を経過したときに消滅する。

(7) 個人情報取扱事業者は、個人情報を取り扱うにあたって、その利用目的をできる限り特定しなければならず、あらかじめ本人の同意を得ないで、利用目的の達成に必要な範囲を超えて個人情報を取り扱ってはならない。

(8) 犯罪収益移転防止法では、金融機関の窓口から現金で振込みをする場合には、金額にかかわらず取引時確認を行わなければならない。

(9) 預貯金者保護法について、偽造されたキャッシュカードによる預金等の不正払戻しについては、顧客にカードや暗証番号の管理について過失（重大な過失を除く）が認められる場合であっても、対象となる被害額の全額が補償の対象となる。

(10) 金融ADR制度において、利用者の申立てにより紛争解決手続きが開始された場合であっても、金融機関は、その申立てに応じる必要はない。

解答

(1) ○	(2) ○	(3) ×	(4) ×	(5) ○
(6) ×	(7) ○	(8) ×	(9) ○	(10) ×

第11章
関連法規

索 引

<執筆者>

横川 由理（よこかわ・ゆり）

1級ファイナンシャル・プランニング技能士／ＣＦＰ®認定者／証券アナリスト

ＦＰの知識を広めたいという強い思いから、資格学校の講師や教材作成に20年以上携わっている。個人では、資産運用や保険関係の出版が多く、40冊を超える。

＊CFP®は、米国外においてはFinancial Planning Standards Board Ltd.（FPSB）の登録商標で、FPSBとのライセンス契約の下に、日本国内においてはNPO法人日本FP協会が商標の使用を認めています。

よくわかるFPシリーズ

2024-2025年版

合格テキスト　FP技能士1級　③金融資産運用

（2013年度版　2013年6月30日　初版　第1刷発行）

2024年6月5日　初　版　第1刷発行

編 著 者	Ｔ　Ａ　Ｃ　株　式　会　社	
	（FP講座）	
発 行 者	多　　田　　敏　　男	
発 行 所	Ｔ　Ａ　Ｃ　株式会社　出版事業部	
	（TAC出版）	

〒101-8383
東京都千代田区神田三崎町3-2-18
電話　03（5276）9492（営業）
FAX　03（5276）9674
https://shuppan.tac-school.co.jp

印 　　刷	株式会社　ワ　コ　ー	
製 　　本	株式会社　常　川　製　本	

© TAC 2024　　Printed in Japan

ISBN 978-4-300-11195-6
N.D.C. 338

魅惑のパーソナルファイナンスの世界を感じられる無料オンラインセミナーです！

「多くの方が不安に感じる年金問題」「相続トラブルにより増加する空き家問題」
「安全な投資で資産を増やしたいというニーズ」など、社会や個人の様々な問題の解決に、
ファイナンシャルプランナーの知識は非常に役立ちます。
長年、ファイナンシャルプランニングの現場で顧客と向き合い、
夢や目標を達成するためのアドバイスをしてきたベテランFPのTAC講師陣が、
無料のオンラインセミナーで魅力的な知識を特別にお裾分けします。
とても面白くためになる内容です！
無料のオンラインセミナーですので、気軽にご参加いただけます。
ぜひ一度視聴してみませんか？　皆様の世界が広がる実感が持てるはずです。

皆様の **人生を充実させる**のに必要なコンテンツがぎっしり詰まった**オンラインセミナー**です！

参考 **過去に行ったテーマ例**

- 達人から学ぶ「不動産投資」の極意
- 老後に役立つ個人年金保険
- 医療費をたくさん払った場合の節税対策
- 基本用語を分かりやすく解説 NISA
- 年金制度と住宅資産の活用法
- FP試験電卓活用法
- 1級・2級本試験予想セミナー
- 初心者でもできる投資信託の選び方
- 安全な投資のための商品選びのチェックポイント
- 1級・2級頻出論点セミナー

- そろそろ家を買いたい！実現させるためのポイント
- 知らないと損する！社会保険と公的年金の押さえるべきポイント
- 危機、災害に備える家計の自己防衛術を伝授します
- 一生賃貸で大丈夫？老後におけるリスクと未然の防止策
- 住宅購入時の落とし穴！購入後の想定外のトラブル
- あなたに必要な保険の見極め方
- ふるさと納税をやってみよう♪ぴったりな寄付額をチェック

書籍で学習されている方のための
直前期の試験対策に最適のコース!

1級の書籍で一通り知識のインプット学習を進めている方が、
直前期に最短で効果的な知識の確認と演習を行うことができるコースです。
難関である1級学科試験を突破するために、TACの本試験分析のノウハウを手に入れて
合格を勝ち取りたい方にとって打ってつけのコースです。

最新の試験分析のエッセンスが詰まった
あなたにオススメのコース

1級直前対策パック
(総まとめ講義＋模擬試験)

TACオリジナル教材「総まとめテキスト」(非売品)が手に入ります!

TAC FP 1級直前対策パック

最新の法改正を総ざらいできることはもちろん、
☑ **3年で6回以上出た「サブロクチェック」**
☑ **穴埋めで確認「キーワードチェック」**
☑ **押さえておくべき「定番出題パターン」**
☑ **出題傾向をベースにした「予想問題」など、**
1級試験の"急所"がばっちり押さえられます!

TACは何度も出題されるところを
知り尽くしています！

OP オプション講座

1級直前対策パック（総まとめ講義6回＋模擬試験1回）

総まとめ講義

試験直前期に押さえておきたい最新の
法改正などポイントを総ざらいした「総
まとめテキスト」を使用します。
基礎編は出題範囲は広いものの50問
しかないため、取りこぼしができませ
ん。過去の本試験の頻出論点もピック
アップ。"サブロクチェック"で知識の再確
認を行います。

応用編は、空欄補充問題と計算問題が
中心となります。空欄補充問題で問わ
れやすい論点の用語等のチェックと、
計算問題の解法手順を演習を繰り返
しながらマスターします。

ひと目でわかるよう
図表などを用いて重
要論点をまとめてい
ます。

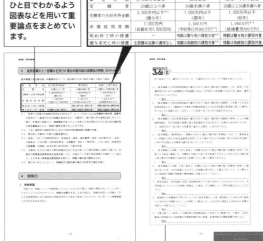

模擬試験 ※自己採点（配布のみ）

本試験形式のTAC予想問題です。満点
を取るまで繰り返し復習し、本試験に
臨みましょう。

過去3年間で6回以上出題されて
いる論点をピックアップしたもので、
効率よく知識の再確認ができます。

通常受講料

通学（教室・ビデオブース）講座		¥35,000
Web通信講座		¥35,000
DVD通信講座		¥40,000

※0から始まる会員番号をお持ちでない方は、受講料のほかに別途入会金
（¥10,000・消費税込）が必要です。会員番号につきましては、TACカスタ
マーセンター（0120-509-117）までお問い合わせください。
※上記受講料は、教材費込・消費税込です。

**コースの詳細、割引制度等は、TAC HP
またはパンフレットをご覧ください。**

TAC FP 1級直前対策パック🔍

FP(ファイナンシャル・プランナー)対策書籍のご案内

TAC出版のFP(ファイナンシャル・プランニング)技能士対策書籍は金財、日本FP協会それぞれに対応したインプット用テキスト、アウトプット用テキスト、インプット＋アウトプット一体型教材、直前予想問題集の各ラインナップで、受検生の多様なニーズに応えていきます。

みんなが欲しかった! シリーズ

『みんなが欲しかった! FPの教科書』
- ●1級 学科基礎・応用対策 ●2級・AFP ●3級
- 1級：滝澤ななみ 監修・TAC FP講座 編著・A5判・2色刷
- 2・3級：滝澤ななみ 編著・A5判・4色オールカラー
- ■ イメージがわきやすい図解と、シンプルでわかりやすい解説で、短期間の学習で確実に理解できる! 動画やスマホ学習に対応しているのもポイント。

『みんなが欲しかった! FPの問題集』
- ●1級 学科基礎・応用対策 ●2級・AFP ●3級
- 1級：TAC FP講座 編著・A5判・2色刷
- 2・3級：滝澤ななみ 編著・A5判・2色刷
- ■ 無駄をはぶいた解説と、重要ポイントのまとめによる「アウトプット→インプット」学習で、知識を完全に定着。

『みんなが欲しかった! FPの予想模試』
- ●3級 TAC出版編集部 編著
- 滝澤ななみ 監修・A5判・2色刷
- ■ 出題が予想される厳選模試を学科3回分、実技2回分掲載。さらに新しい出題テーマにも対応しているので、本番前の最終確認に最適。

『みんなが欲しかった! FP合格へのはじめの一歩』
- 滝澤ななみ 編著・
- A5判・4色オールカラー
- ■ FP3級に合格できて、自分のお金ライフもわかっちゃう。本気でやさしいお金の入門書。自分のお金を見える化できる別冊お金ノートつきです。

わかって合格る シリーズ

『わかって合格る FPのテキスト』
- ●3級 TAC出版編集部 編著
- A5判・4色オールカラー
- ■ 圧倒的なカバー率とわかりやすさを追求したテキストさらに人気YouTuberが監修してポイント解説をしてくれます。

『わかって合格る FPの問題集』
- ●3級 TAC出版編集部 編著
- A5判・2色刷
- ■ 過去問題を徹底的に分析し、豊富な問題数で合格をサポートさらに人気YouTuberが監修しているので、わかりやすさも抜群。

スッキリ シリーズ

『スッキリわかる FP技能士』
- ●1級 学科基礎・応用対策 ●2級・AFP ●3級
- 白鳥光良 編著・A5判・2色刷
- ■ テキストと問題集をコンパクトにまとめたシリーズ。繰り返し学習を行い、過去問の理解を中心とした学習を行えば、合格ラインを超える力が身につきます!

『スッキリとける 過去＋予想問題 FP技能士』
- ●1級 学科基礎・応用対策 ●2級・AFP ●3級
- TAC FP講座 編著・A5判・2色刷
- ■ 過去問の中から繰り返し出題される良問で基礎力を養成し、学科・実技問題の重要項目をマスターできる予想問題で解答力を高める問題集。

書籍の正誤に関するご確認とお問合せについて

書籍の記載内容に誤りではないかと思われる箇所がございましたら、以下の手順にてご確認とお問合せをしてくださいますよう、お願い申し上げます。

なお、正誤のお問合せ以外の**書籍内容に関する解説および受験指導などは、一切行っておりません。**
そのようなお問合せにつきましては、お答えいたしかねますので、あらかじめご了承ください。

1 「Cyber Book Store」にて正誤表を確認する

TAC出版書籍販売サイト「Cyber Book Store」の
トップページ内「正誤表」コーナーにて、正誤表をご確認ください。

CYBER TAC出版書籍販売サイト
BOOK STORE

URL:https://bookstore.tac-school.co.jp/

2 **1の正誤表がない、あるいは正誤表に該当箇所の記載がない**
⇒ 下記①、②のどちらかの方法で文書にて問合せをする

★ご注意ください★

お電話でのお問合せは、お受けいたしません。

①、②のどちらの方法でも、お問合せの際には、「お名前」とともに、
「対象の書籍名（○級・第○回対策も含む）およびその版数（第○版・○○年度版など）」
「お問合せ該当箇所の頁数と行数」
「誤りと思われる記載」
「正しいとお考えになる記載とその根拠」
を明記してください。

なお、回答までに1週間前後を要する場合もございます。あらかじめご了承ください。

① ウェブページ「Cyber Book Store」内の「お問合せフォーム」より問合せをする

【お問合せフォームアドレス】

https://bookstore.tac-school.co.jp/inquiry/

② メールにより問合せをする

【メール宛先　TAC出版】

syuppan-h@tac-school.co.jp

※土日祝日はお問合せ対応をおこなっておりません。
※正誤のお問合せ対応は、該当書籍の改訂版刊行月末日までといたします。

乱丁・落丁による交換は、該当書籍の改訂版刊行月末日までといたします。なお、書籍の在庫状況等により、お受けできない場合もございます。

また、各種本試験の実施の延期、中止を理由とした本書の返品はお受けいたしません。返金もいたしかねますので、あらかじめご了承くださいますようお願い申し上げます。

（2022年7月現在）